Das Herz der Dings

Bernhard Horwatitsch, ist Krankenpfleger und ausgebildete Fachkraft für Gerontopsychiatrie.

In seinem zweiten Beruf arbeitet er als Schriftsteller und veröffentlicht seit Mitte der 1990er Jahre regelmäßig Kurzgeschichten. Er gibt Kurse in „kreativem Schreiben" und „Literatur" an der Münchner Volkshochschule und anderen Institutionen. 2007 drehte er gemeinsam mit Sylvie Bantle den 90-minütigen Dokumentarfilm „Das Brandloch" über die Bücherverbrennung 1933 in München und den Umgang lebender Autoren mit dem Autodafé.

Seine jüngsten Buchveröffentlichungen sind „Anleitungen zum Scheitern" und „Wie das Streicheln eines Körpers" (Gespräche mit dem Maler Sven Kalb). Aktuell (2013) erschien im Verlag Andreas Mascha „Das Brandloch-Projekt", Texte über die Bücherverbrennung 1933.

Bernhard Horwatitsch veröffentlichte zahlreiche Essays und Kurzgeschichten und in verschiedenen Anthologien und Literaturzeitschriften (u. a. Sterz, BISS, Schreibkraft, Feigenblatt, Federwelt, Entwürfe, c't). Er belegte den dritten Platz im U-Books Literaturwettbewerb für erotische Literatur (2005) sowie den zweiten Platz des Kurzgeschichten-Wettbewerbs der Zeitschrift Kontrovers (2008). *www.literaturprojekt.com*

Bernhard Horwatitsch

Das Herz der Dings

Geschichten über das Leben mit Demenz

Mabuse-Verlag
Frankfurt am Main

Bibliografische Information der Deutschen Nationalbibliothek

Die Deutsche Nationalbibliothek verzeichnet diese Publikation in der Deutschen Nationalbibliografie; detaillierte bibliografische Angaben sind im Internet unter http://dnb.d-nb.de abrufbar.

Informationen zu unserem gesamten Programm, unseren AutorInnen und zum Verlag finden Sie unter: www.mabuse-verlag.de.

Wenn Sie unseren Newsletter zu aktuellen Neuerscheinungen und anderen Neuigkeiten abonnieren möchten, schicken Sie einfach eine E-Mail mit dem Vermerk „Newsletter“ an: online@mabuse-verlag.de.

Kasseler Str. 1 a
60486 Frankfurt am Main
Tel.: 069 – 70 79 96-13
Fax: 069 – 70 41 52
verlag@mabuse-verlag.de
www.mabuse-verlag.de

Lektorat: Katharina Budych, Springe
Satz: Björn Bordon/MetaLexis, Niedernhausen
Umschlaggestaltung: Marion Ullrich, Frankfurt am Main
Druck: fgb • freiburger graphische betriebe, Freiburg i. Br.

ISBN: 978-3-86321-149-3
Printed in Germany

Inhalt

Vorwort

Kommt ein weiser alter rauschebärtiger Fisch bei drei Jungfischen vorbeigeschwommen und fragt: „Moin Jungs, wie ist das Wasser?“, und schwimmt weiter; die drei Jungfische glotzen ihm nach, sehen sich an und fragen: „Was zum Teufel ist Wasser?“, und schwimmen weiter.

David Foster Wallace

30 Sekunden. So lange kann sich ein gewöhnlicher Fisch wie zum Beispiel der Streifenbarsch zurückerinnern. Dann erlischt sein Gedächtnis. Wäre sein Aquarium in etwa so groß wie sein Gedächtnis, wäre der Streifenbarsch nach jeder Umrundung von Neuem ziemlich überrascht von seiner Umgebung. Haben Sie Ihren Fisch in seinem Aquarium schon mal beobachtet? Wirkt er überrascht, erfreut, irritiert, verwirrt? Nein. Er dreht seine Runden, wie ein gewöhnlicher Fisch eben seine Runden dreht. Er schwimmt durch die Gegend, als hätte er alle Zeit der Welt. Das ist ein Grund, warum Helmut Kohl in seinem Kanzlerbüro immer ein Aquarium stehen hatte. Es ist ungemein beruhigend, einem ruhigen, gelassenen Fisch dabei zuzusehen, wie er kreuz und quer schwimmt.

30 Sekunden. Wenn Sie jetzt auf die Uhr sehen, dann sind gerade 30 Sekunden vergangen, seit Sie begonnen haben, diesen Text zu lesen. Zumindest, wenn Sie ihn aufmerksam gelesen haben. Wären Sie ein Fisch, müssten Sie nun von vorne beginnen. Sie aber können sich an das Gelesene erinnern, und es gibt noch etwas, was Sie von einem Fisch unterscheidet: Sie haben gerade etwas gelernt. Und Gedächtnis ist das, was man

gelernt hat. Das nun Gelernte wird in Ihrem Gehirn mit dem von Ihnen bisher Gelernten verknüpft und führt dann zu einer Verhaltensänderung.

Für diese Verhaltensänderung durch Erfahrung haben Sie Zeit benötigt. Eben die besagten 30 Sekunden. Und diese Sekunden folgen schön nacheinander, Sekunde für Sekunde, sodass Sie das auf Ihrer Uhr nachprüfen können.

Aber nun ist die Zeit weg. Die 30 Sekunden sind nicht mehr da. Schon laufen die nächsten 30 Sekunden. Was Sie erleben können, ist immer nur die Gegenwart. Zeit ist – und da sind sich die Philosophen weitestgehend einig – eng an unser Bewusstsein gekoppelt. Das Vergehen der Zeit ist ein subjektives Phänomen, wenn nicht gar eine Illusion. Und dass die Zeit fließt, ist nach wie vor eines der größten Rätsel der Naturwissenschaft und der Philosophie. Das Geheimnis der Zeit fasst Augustinus in folgendem Ausspruch zusammen: „Was also ist ‚Zeit'? Wenn mich niemand danach fragt, weiß ich es; will ich es einem Fragenden erklären, weiß ich es nicht."

Eine kosmische Uhr, die ein für alle verbindliches *Jetzt* schafft, gibt es nicht. Aber völlig selbstverständlich hat fast jeder moderne, zivilisierte Mensch einen Terminkalender. Eine der ersten Fragen einer Ärztin oder eines Arztes an einen verwirrten Menschen ist die Frage nach dem aktuellen Datum. Und pünktlich in der Arbeit zu erscheinen, ist eine der Grundvoraussetzungen für Menschen, um sich ihre Existenz zu sichern.

Zeit ist heutzutage Geld. Man muss sich seine Zeit gut einteilen. Kommt Zeit, kommt auch Rat. Die Zeit heilt alle Wunden. Man muss auch mit der Zeit gehen. Und für bestimmte Dinge nimmt man sich einfach die Zeit. Man sollte möglichst keine Zeit verlieren, und Marcel Proust war sogar mal *Auf der Suche nach der verlorenen Zeit*.

„Zeitmanagement" ist ein Begriff, der den durch und durch ökonomisierten Menschen von heute prägt. Im Laufe der Geschichte hat sich der Umgang mit Zeit radikal geändert.

Durch das Aufkommen der mechanischen Uhr hat sich auch die Organisation der Arbeit verändert. Das, was im Kapitalismus den Mehrwert (Mehrwert ist das, womit sich die anderen an Ihnen bereichern) ausmacht, ist in erster Linie die Arbeitszeit. In jeder Ware, die Sie kaufen, steckt diese Arbeitszeit als *Preis* der Ware angeblich drin.

Beim Arbeiten, beim Einkaufen, vom morgendlichen Klingeln des Weckers bis zu den Spätnachrichten sind Sie dem Faktor Zeit ausgeliefert. Mitten im All, auf einem blauen, nicht ganz runden Ball hetzen zweibeinige Wesen, schweißgebadet, stets voll Sorge auf ihre Uhr blickend von Termin zu Termin – bis auf ein paar buddhistische Mönche, die sich des Wesens des Nichts bewusst sind. Wir sollten uns über das schlechte Gedächtnis unseres Streifenbarsches wirklich nicht lustig machen.

Mnemosyne, das Gedächtnis, ist die Mutter der neun Musen, aber auch die Mutter von Lesmosyne, dem Vergessen der Leiden und Aufhören der Sorgen. *Vergessen* ist eine Kunst, die uns heute Angst macht. Wir haben das Vergessen vergessen und sehen nur noch die Pathologie des Vergessens.

Dabei gibt es nichts Schöneres, als mal einfach alles um sich herum zu vergessen. Ein Spaziergang in der Natur oder sogar in der Stadt, in Ihrer unmittelbaren Umgebung, ohne dabei an irgendeinen Termin zu denken! Was Sie da entdecken! Ein wenig Buddhismus, wenigstens am Wochenende! Ich bin gegen die Permanenz der Zeit, plädiere für eine zeitweise Abwesenheit der Zeit. Um wenigstens gelegentlich meine Sorgen und Nöte vergessen zu können, bin ich ein

Fisch, schwimme kreuz und quer und kann mich nach 30 Sekunden nicht mehr erinnern, wo ich gerade war.

„Wenn man versucht, sich in die Gefühlswelt demenzkranker Menschen hineinzuversetzen, fällt die Kommunikation mit ihnen leichter“, schreibt ein Autor in dem Wikipedia-Artikel zu Demenz. Und weiter: „Für Demenzkranke sieht die Welt merkwürdig und unverständlich aus, weil sie die spezifische menschliche Wahrnehmungsfähigkeit, die Orientierung, verlieren.“ Das semantische Gedächtnis, Exekutivfähigkeiten wie Planen, Organisieren, das Einhalten einer Reihenfolge in ihrem Tun, all das ist – nach ICD-10 – bei ihnen eingeschränkt.

Demenz wird als ein Defizit von Fähigkeiten definiert. Die von der Demenz Betroffenen können die Gegenstände, Situationen und Personen nicht in einem größeren Gesamtzusammenhang einordnen. Aufgrund ihrer Erinnerungsstörungen ist ihnen der Zugriff auf früheres Wissen und vergangene Erlebnisse[1] zunehmend verwehrt. Und weil es fehlt, können sie sich in der aktuellen Situation nicht mehr zurechtfinden, sie nicht mehr bewältigen. Im fortgeschrittenen Stadium verschwimmt schließlich der Unterschied zwischen Traum, Vergangenheit und Realität. Es kommt vermehrt zu Halluzinationen. Dann ist es kaum noch möglich, den Betroffenen die

1 Die Prozesse des episodischen Gedächtnisses sind verantwortlich für das Enkodieren, Speichern und Abrufen von spezifischen Ereignissen und Episoden, die Menschen in ihrem Leben erfahren haben. Die anatomischen Substrate wie Hippocampus und Frontallappen sind bei der Demenz in ihrer Funktion eingeschränkt. Das Gedächtnis erlischt in umgekehrter Reihenfolge – zurücklöschend.

Irrealität der Halluzinationen zu erklären. Soweit die tragische Pathologie des Vergessens.

Bis zum Jahr 2050 wird sich die Zahl der von Demenz Betroffenen in Deutschland verdoppelt haben, auf rund 2,6 Millionen Menschen. Wir bekommen Probleme, ökonomisch und organisatorisch.

Wir Menschen leben inzwischen in einer Welt, die nichts mehr vergisst und keine Zeit mehr hat. Manche Soziologen sehen daher in der Demenz die Krankheit, die die Gesellschaft braucht. Ich glaube zwar nicht, dass wir diese schlimme Krankheit brauchen. Aber lernen können wir allemal von den Menschen, die an dieser Erkrankung leiden. Gelernt habe ich vor allem, der Zeit nicht mehr diese große Bedeutung beizumessen. Gelernt habe ich, Dingen oder Ereignissen neue Aufmerksamkeit zu schenken. Eine Blume am Straßenrand zu entdecken, den Wind in meinem Haar zu spüren. Gelernt habe ich, wie unterschiedlich die Menschen sind. Gelernt habe ich, sie nicht etwa als „Kranke“ wahrzunehmen, sondern als Individuen.

Daher möchte ich den Menschen[2], von denen ich in den folgenden Geschichten erzähle, meinen tiefen Dank aussprechen.

Bedanken möchte ich mich auch besonders bei Marie Luise Kunst, deren Lektorat ausgesprochen hilfreich war, und Alexander Kellner, dessen Überarbeitung dem Text ebenfalls sehr gut getan hat.

Bernhard Horwatitsch 2013

---

2 Alle Namen und Orte im Buch sind geändert.

Frau Schwan

Und was sagen Ihre Eltern dazu?

Die absolute, wahre und mathematische Zeit verfließt an sich und vermöge ihrer Natur gleichförmig und ohne Beziehung auf irgendeinen äußeren Gegenstand.
Isaac Newton

Sie wirkte ein wenig wie ein Geist. Am Handgelenk trug sie ein vergilbtes, weißes Plastikbändchen mit ihrem Namen und ihrer Adresse. Sie war sehr dünn. Früher einmal war sie eine sehr schöne Frau gewesen. Sie bat mich, ich möge mich ins Wohnzimmer begeben und dort setzen. Dann kam auch sie und setzte sich mir gegenüber.

„Und was haben Sie jetzt vor?“, fragte sie mich. Dabei gab ihr Magen hörbare Geräusche von sich. Sie trug einen ziemlich verschlissenen kimonoähnlichen Morgenmantel in Florentiner Rot und darunter ein ehemals weißes Nachthemd. Überall lagen alte Ausgaben der Süddeutschen Zeitung auf dem Boden oder stapelten sich in den Ecken. Der schwarzweiße Zeitungsdruck bestimmte die Farbtöne der Wohnung.

„Was Sie möchten, Frau Schwan“, antwortete ich. Auf dem Tisch lag Vergils *Aeneis* in einer Reclam-Ausgabe. Ich nahm sie interessiert zur Hand.

Frau Schwan blickte sich um, deutete auf die Bücher in den Regalen. „Nehmen Sie sich, wenn Sie etwas brauchen.“ Dann stockte sie, suchte nach einer Formulierung. „Ich meine, nicht einfach nehmen …“

„Ausleihen“, half ich ihr.

Sie lächelte, nickte. „Ja, ausleihen.“

Ich schlug den Vergil willkürlich auf. Dann las ich spontan laut vor. Aus dem zehnten Gesang. Geronnenes Blut, spuckende Helden, abgetrennte Arme, die nur noch an einer Sehne hingen, von Speeren und Pfeilen Durchbohrte. Frau Schwan grinste nun, freute sich.

„Da geht's zu, was?“, sagte ich.

„Ja“, sagte sie ein wenig euphorisch. Sie genoss die blutrünstigen Schlachtschilderungen. Sie war einmal Historikerin gewesen. Zeit war ihre Profession, ihre Passion.

An der Wand hing ein Bild, das an Caspar David Friedrich erinnerte, eine frühromantische Landschaft am Meer, schäumendes Wasser, ein Felsen ragte heraus, alles war in düsteres Licht getaucht. Farblich passte hier alles gut zusammen. Ein eleganter, brauner Sekretär aus der Zeit der Sezession stand im Gang. Frau Schwan kam aus gutem Hause. Sogar mehrere Generalmajore hatte es in ihrer Familie gegeben.

„Und was haben Sie nun vor?“, wiederholte Frau Schwan ihre Frage an mich.

„Was Sie möchten. Ich mache, was Sie sagen. Zum Beispiel ein wenig aufräumen, wenn Sie das wollen, ich könnte in der Küche abspülen, oder wenn etwas zu reparieren ist, sagen Sie es nur.“

Sie lächelte. „Das ist nicht nötig“, sagte sie.

„Dann unterhalten wir uns einfach“, schlug ich vor. „Soll ich Ihnen einen Tee machen?“

„Nein, nein. Das mach ich schon selbst.“

Sie deutete auf einen zerschlissenen Steiff-Bären.

„Den habe ich seit meiner Kindheit“, sagte sie, „er ist immer mit mir ins Bett gegangen, wenn ich krank war.“

„Der ist so alt wie Sie“, sagte ich, „Ihr Jahrgang.“

„Ja, wenn ich krank war, hat er in meinem Bett geschlafen.“ Eine Zeitlang sahen wir den Steiff-Bären an. Er sah wirklich mitgenommen aus, abgerieben, teilweise waren die Nähte aufgeplatzt. Sein Alter war ihm anzusehen.

„Und wo kommen Sie her?", fragte sie in die Stille hinein, ohne den Blick von dem Steiff-Bären zu nehmen. „Sind Sie gefahren?", präzisierte sie.

„Nein", sagte ich, „ich bin vom Wettersteinplatz aus zu Fuß gegangen."

„Und wie kommen Sie zurück?" Sie wollte auch wissen, wohin ich dann gehen würde. Was ich täte. Ich erklärte ihr, dass ich erst mit der Straßenbahn zum Tegernseer Platz fahren und dann zu Fuß über die Lohstraße zum Candidplatz gehen würde. „Dort ist dann das Büro", beendete ich meine Reiseschilderung.

„Dort haben Sie also Ihr Büro", wiederholte sie. „Und wie kann ich Sie erreichen?"

Ich zeigte ihr den kleinen Notizblock, auf dem ich ihr die Adresse, meinen Namen und die Telefonnummer notiert hatte.

„Von neun bis sechzehn Uhr", las sie, „und mit Anrufbeantworter. Da sind Sie erreichbar?"

Ich nickte. Draußen schien die Sonne, blauer Himmel, ein herrlich milder Herbsttag. Frau Schwan wollte noch etwas über meine Arbeit wissen. Ich erzählte ihr, was ich so mache, mich um ältere Menschen kümmern, für sie einkaufen oder etwas organisieren für den Haushalt. Auch von meinen Gruppen erzählte ich ihr, dass wir gemeinsam frühstücken, spazieren gehen.

„Und was sagen Ihre Eltern dazu?", wollte sie plötzlich von mir wissen.

Darauf fiel mir erst einmal nichts ein. Ich zuckte mit den Schultern.

Sie sah mich an.

„Gehen Sie doch noch etwas spazieren bei dem Wetter", riet ich ihr, „das tut Ihnen bestimmt gut."

„Wenn Sie gehen, werde ich mich wieder ins Bett legen", antwortete sie.

Wir saßen uns noch eine kleine Weile gegenüber, bis ich aufstand. Sie erhob sich ebenfalls, begleitete mich zur Tür.

„Und wie machen Sie das jetzt?", fragte sie mich, stand einen halben Schritt vor der Wohnungstür und blickte in den Treppengang hinunter. Sie wirkte dabei, als sei ihr das völlig fremd, als könne sie mit dem, was sie da vor ihrer Wohnungstür sah, gar nichts anfangen, und zugleich glaubte ich zu spüren, dass sie eine Sehnsucht danach hatte, die Treppen hinunter und hinauszugehen.

Ich erklärte ihr, dass ich nun die Treppen hinunter und hinausgehen würde.

„Und dann?", wollte sie weiter wissen. Ich schilderte noch einmal meine Reiseroute bis zum Büro. Dann gaben wir uns die Hand. Sie blickte mir nach, ein schmaler Strich, mit grauem, ungepflegtem Haar. Wie ein Geist aus einer anderen Zeit. Die Zeit, ihre alte Profession, ihre Passion war nicht mehr da oder sie selbst schien aus dieser Zeit irgendwie herausgefallen zu sein. Zeit? Das war einfach nur Zeit.

Niemand ist mehr da

Niemand ist Einwohner des Niemandslands

STUPIDEDIA.ORG

Sie stand bereits in ihrem hellblauen Frottee-Schlafanzug an der Wohnungstür, als ich die Treppen hochkam. In ihrem Blick spiegelte sich Verzweiflung. Sie begrüßte mich gar nicht, drehte sofort um, ging in die Wohnung.

„Wo ist meine Mami?", sagte sie und ging recht schnell in Richtung Schlafzimmer.

Ich folgte ihr. Mein erster Reflex war natürlich, der 86-jährigen Dame die Wahrheit zu sagen: „Tot."

Aber es war ein komischer Tag. Von heute auf morgen hatte das Wetter umgeschlagen, von sibirischen minus zehn bis fünfzehn Grad auf leichte Plustemperaturen. Und dann war ich auch noch am Vortag recht spät ins Bett gekommen, hatte vielleicht noch geringe Mengen Restalkohol im Blut. Ich hatte Andreas und Katja länger nicht mehr gesehen und wir hatten gefeiert. Sie waren erst kürzlich nach über zwei Jahren wieder aus Thailand zurückgekehrt. Katja hatte dort die Import-Export-Filiale ihres Vaters geleitet und Andreas hatte sich als Fotograf verdingt. Wir hatten uns viel zu erzählen und einiges getrunken. Andreas war ein Whiskey-Liebhaber.

Jedenfalls sagte ich Frau Schwan nicht die Wahrheit. „Vielleicht ist sie in der Oper?"

„Quatsch, meine Mami geht nicht in die Oper. Wo ist sie denn? Sie war doch gerade noch da?" Frau Schwan hob die Bettdecke an, ging um das große Doppelbett herum, öffnete den Kleiderschrank und schaute hinein.

„Was arbeitet denn Ihre Mutter?", fragte ich.

„Nüscht“, antwortete sie trocken. „Wo ist sie denn?“ Frau Schwan hob einen roten Morgenmantel auf, der auf dem Bett lag, betrachtete ihn, strich mit der Hand darüber. „Den hatte sie doch gerade noch an.“

Ich sagte nichts.

Frau Schwan ging an mir vorbei aus dem Schlafzimmer in die Küche, blickte sich um. Vielleicht hatte sie zu wenig getrunken, dachte ich, und bot ihr etwas zu trinken an.

„Wenn Sie wüssten, wie viel ich trinke“, antwortete sie barsch, lehnte mein Angebot ab. Sie drehte sich um, ging in Richtung Wohnzimmer. Ich nahm das Glas Orangensaft und folgte ihr.

Frau Schwan setzte sich auf den Sessel, beugte sich vorneüber und vergrub den Kopf in den Händen.

Unauffällig stellte ich das Glas mit dem Saft vor ihr auf den Tisch, holte die Süddeutsche und setzte mich auf den freien Sessel neben sie. Ich las ihr etwas vor.

„Was ist das denn?“, fragte sie und deutete auf die Rückseite der Zeitung. Ich drehte die Zeitung um. Da war ein Bild, das viele kleine Portraits von Menschen zeigte, wie in einer Ahnengalerie.

„In Libyen ist jeder ein Held oder tot“, las ich vor.

„Schlimm“, kommentierte Frau Schwan. „Können Sie das Radio …“, sagte sie dann, ohne den Satz zu beenden und deutete auf den Fernseher.

Ich suchte die Fernbedienung. Kam aber nicht damit zurecht, kannte mich mit der Tastatur nicht aus. Erst nach einer kurzen Weile fand ich die Taste zum Anschalten. Man sah einen Mann, der stumm redete. Im Hintergrund die Fieberkurven der Aktien. Der Ton war runtergedreht. Ich suchte nach der richtigen Taste, um lauter zu machen, und war damit einige Zeit beschäftigt. Wie gesagt, ich war unausgeschlafen und kämpfte mit der plötzlichen Temperaturschwankung, hatte leichte Kopfschmerzen, einen Druck auf der Stirn, weil ich zu viel geraucht hatte. Und Whiskey vertrug ich nicht.

„Verfluchte Scheiße!", hörte ich plötzlich Frau Schwan brüllen. Ich drehte mich zu ihr um und sah sie noch aufstampfen. Sie war aufgesprungen. Ich stand nun auch, mit der Fernbedienung in der Hand, und sah sie an.

„Wie bitte?", fragte ich ganz sanft, als würden wir eine normale Konversation führen, als hätte Frau Schwan gesagt: „Wie finden Sie das Fernsehprogramm?", und ich hätte sie nicht gleich verstanden.

Ich war heute nicht in der Lage, mich adäquat zu verhalten. Gleichzeitig hatte ich die Taste entdeckt, um lauter zu machen. Aber ich verstand gar nicht, was der zuvor stumme Mann nun etwas lauter von sich gab. Ich setzte mich wieder. Auch Frau Schwan setzte sich wieder und blickte zum Fenster hinaus. So saßen wir eine Zeitlang schweigend da, Rauschen in meinem Kopf von einer Sinusitis wegen meiner leichten Tabakvergiftung.

Frau Schwan brach das Schweigen und zeigte mit dem Finger auf das Fenster; ich blickte dem Finger hinterher. Draußen konnte man dem Schnee zuschauen, wie er wegtaute, er schmolz so sehr, dass man es mit bloßem Auge beobachten konnte.

„Da draußen ist niemand", sagte Frau Schwan.

Ich nickte. „Sind wohl alle in der Arbeit."

„Niemand ist da mehr", sagte Frau Schwan. „Und wissen Sie, was mich auch so aufregt", fuhr sie fort.

Ich wusste es nicht, schüttelte den Kopf.

„Dass da niemand mehr ist!"

Da war wirklich niemand. Eine Weile saßen wir noch da, schauten aus dem Fenster und beobachteten den dahinschmelzenden Schnee. Nur der Fernseher lief leise. Ansonsten war es still. Schweigend verwandelte sich der Schnee in Wasser, ungestört. Keine Menschenseele.

Bevor ich ging, machte ich ihr noch ein paar belegte Brötchen, stellte den Teller neben das Glas mit dem Orangensaft. Wir verabschiedeten uns herzlich und sie sah mir noch eine Weile nach, wie ich die Treppen hinunterging.

Im Schneematsch torkelte ich etwas unsicher dahin. Die kleinen Eishügel, die nicht so schnell wegschmolzen, machten den Boden uneben und man knickte leicht in der Fessel um. Von der anderen Straßenseite aus sah ich die Haltestelle der Straßenbahn. Vorgestern hatte ich dort sehr lange bei minus zehn Grad auf die Tram gewartet. Ich ging weiter. Erreichte die U-Bahnstation und ging wieder weiter. Ich hatte keine Lust auf Untergrund. Und das Gehen tat mir irgendwie gut. Also ging ich zu Fuß bis zum Büro, etwa eine halbe Stunde.

Ich ging es aus mir heraus. Was auch immer. Lief es weg, schüttelte es über die Füße aus mir heraus. Als ich im Büro ankam, hatte ich tatsächlich das beruhigende Gefühl, dass ich es abgelaufen hatte.

Herr Bauer

Der alte Fährmann

Ein Tagebuch, alt, sehr alt, älter als ich. Der Buchrücken fehlt komplett. Eingeklebt: Georg Bauer, München-Pasing, Kolonie 2, Apfelallee 14.

Dann eine Karte von Europa, schwarz-weiß.

Kriegstagebuch für die Zeit vom 5. November 1940 bis 11. Oktober 1945. Wer immer behauptet, der Krieg habe am 8. Mai 1945 geendet, dem empfehle ich Kriegstagebücher. Sie gehen meist länger. Der blutigen Odyssee des Krieges schließt sich die magere der Kriegsgefangenschaft an.

Georg Bauer ist schmal, mit weißem, glattem Haar. Ein Auge ist milchig, Ergebnis eines ärztlichen Kunstfehlers. Er erinnert mich an Charon, den düsteren, greisen Fährmann aus der griechischen Mythologie, der die Toten für einen Obolus (eine Münze) über den Fluss Acheron geleitet und ins Reich des Totengottes Hades bringt, wo sie dann als Schatten umherirren. Charon war der Sohn von Nacht und Finsternis, meist wird er als bitterer, grämlicher Alter mit Schifferkittel dargestellt.

Aber Herr Bauer ist nicht der Fährmann. Er ist ein alter Bayer, mürrisch und doch liebevoll. Nicht jeder versteht, was er redet, es ist Bayrisch ohne Zähne. Das Bier – es ist ein Salvator Starkbier – trinkt er aus einer Blechtasse, zimmerwarm. Die Küche ist schmutzig, die Frau sagt, sie könne nichts mehr machen. Sie hatte vor Kurzem einen Schlaganfall, ist unsicher auf den Beinen. 50 Ehejahre! Sie träumen sogar das Gleiche. Neulich sind sie beide nachts wach geworden und aufgestanden. In der Küche tranken sie Tee. Gegen vier Uhr früh sind sie beide wieder schlafen gegangen.

1. November 1940

Anmeldung beim Polizeipräsidium München zur Anlegung des Wehrstammblattes, Wehrpflichtsamt. 18 Jahre ist Georg Bauer alt. Mein Vater war nur drei Jahre älter. Irgendwo in Berlin erblickt ein kleines Mädchen das Licht der Welt. 19 Jahre später singt sie: „Am Tag als der Regen kam."

Für Georg Bauer beginnt der Krieg. Etwas später als für die Geschichtsbücher, dafür dauert er für ihn auch länger.

Er schüttelt den Kopf, wenn er über seine Erlebnisse erzählt, was für ein Wahnsinn.

Am 8. Mai 1945 notiert er in sein Tagebuch: Ende des Krieges – des Mordens – der Vernichtung, der Menschen- und Materialschlachten.

Ende des Mordens.

Ich betrachte die Soldatenmarke. 325 3. Batt.L.Flak. Ers. Abt97. Hinten drauf der Wert A. Das ist die Blutgruppe. Herr Bauer winkt ab: „Wenn man auf dem Schlachtfeld gefunden wird, braucht man kein Blut, sondern einen Friedhof." Er erzählt von so einem Schlacht-, ja Leichenfeld. Da lag ein Arm, hier ein Bein, dort ein Kopf, alles einzeln herum. Er wollte einem Soldaten aufhelfen, da hatte er den Arm in der Hand.

Gegen Ende des Krieges landete er bei den italienischen Partisanen, als Deserteur. Dorthin, nach Italien haben sie ihn dann immer wieder eingeladen. „Ich hätte in Italien bleiben sollen. Aber die Heimat …" Er schüttelt den Kopf, denn mit dieser Heimat ist er nicht mehr zufrieden.

Uwe Timm, im März 1940 geboren und damit Jahrgang meiner Mutter, beschreibt in seinem Buch *Am Beispiel meines Bruders* in privaten Tönen das Schicksal vieler Deutscher. Als ich das Kriegstagebuch von Georg Bauer las, musste ich wieder an diese autobiografische Erzählung denken. Denn Uwe Timm erwähnt dort öfter, dass Erschießungskommandos nicht zwingend befolgt werden mussten, dass sich viele einfach geweigert hätten, ohne bestraft zu werden. Auch Georg Bauer beschreibt in seinem Tagebuch, wie er sich immer wieder vor Kriegshandlungen drückt. Einmal war er sogar tagelang unterwegs, alleine, um – nur durch Zufall – wieder auf eine Einheit zu stoßen. Folgenlos. Dann war er Deserteur und kämpfte für die italienischen Partisanen. Heute ist er ein alter Mann, der sich betrogen fühlt und allein gelassen, umgeben von alten Nazis.

„Schlimmer als in Dachau", sagt er gerne über unsere Verhältnisse. Er trinkt sein zimmerwarmes Starkbier aus der Blechtasse und stiert – am Küchentisch sitzend – starr vor sich hin.

Vorsichtig klappe ich sein Kriegstagebuch zu, gebe es ihm zurück. Es ist sein Schatz, der Kern seines Lebens. Ein paar Jahre Mord, Totschlag, Kälte, Flucht und Angst.

Herr Bauer steht auf, er streichelt liebevoll seine Frau, geht auf die Toilette. Als er wiederkommt, nimmt er sich noch ein Bier, bietet mir auch eins an. Ich lehne ab, ich muss gehen, stehe auf und lasse die beiden am Küchentisch zurück.

Ein Stück des Kummers nehme ich mit, in der Hoffnung, dass man Kummer einfach mitnehmen kann, in einer Plastiktüte, um ihn dann im Hausmüll zu entsorgen: einstampfen und auf die Deponie damit. Soll der Kummer da doch verfaulen und verrotten, denke ich noch. Draußen scheint die Sonne. In den Straßen ist kaum Verkehr. Es ist ein angenehmer Frühlingstag. Der alte Mann in seinem Kioskhäuschen winkt mir, ich winke zurück. Es ist ein guter Tag, um Kummer loszuwerden.

Lasst das Radio laufen

Arm in Arm standen sie vor der Leiche ihres Sohnes, unten im Keller der Klinik. Ehrfürchtig einige Meter Abstand haltend: Arzt, Betreuer, ein Pfleger und ich.

„Oliver, wach auf", sagte Frau Bauer.

„Der schläft", sagte ihr Mann. Mit einer Hand stützte er sich auf seinen Stock, mit der anderen tätschelte er die Hüfte seiner Frau. Oliver lag auf dem Rücken vor ihnen auf einer kalten Stahlplatte. Mehr als zwei Zentner Fleisch ohne Leben.

„Der wacht nimmer auf", sagte nun Frau Bauer.

Plötzlich hatte er zugeschlagen, der Tod. Eine Woche zuvor war Oliver noch ganz lebendig gewesen. Als wir, Meierhofer – der gesetzliche Betreuer – und ich die schreckliche Nachricht überbrachten, war Herr Bauer nicht mehr zu halten.

„Ich muss zu ihm", ruft er aus, „das gibt's doch nicht." Er kann es nicht glauben.

Plötzlich wurde der alte Mann flink, zog sich schnell seine Jacke an. Frau Bauer saß in der Küche, während ihr Mann an uns vorbei zur Tür rannte. „Lass mich nicht allein", flehte sie weinend. Herr Bauer wirkte einen Moment unentschlossen, wie von einer höheren Macht gebremst, dann – die höhere Macht kann ihn nicht halten – lief er aus der Wohnung hinaus. Meierhofer rief ihm noch nach, er solle warten, wir würden gemeinsam gehen, er würde ihn hinfahren.

Aber Herr Bauer kann nicht warten, er muss zu seinem Sohn, muss ihm beistehen. Er ist der Vater.

Kurz entschlossen lief ich ihm nach. Draußen war es kalt, Schneeregen fiel aus einem grauen Himmel, Matsch lag auf der Straße, ein schmutziges, breiiges Gemisch aus Schnee und menschlichen Fußstapfen, im Hintergrund die bröckelnden

Fassaden der Münchner Altbauwohnungen. Ich holte den alten Mann ein, ging neben ihm. Er rannte fast, setzte den Stock immer wieder in den Schnee, als wollte er auf die Erde einschlagen.

Plötzlich blieb er stehen, blickte auf den Boden. „Da ist es passiert", sagte er in den Boden hinein.

Er meinte den Sturz des Sohnes. Genau hier war Oliver ausgerutscht, genau hier hatte Gevatter Tod seinen Sohn geholt, ohne dass der Vater es verhindern konnte. Sie waren gemeinsam einkaufen gewesen. Der Sohn hatte ihm beim Einkauf geholfen. Oliver lebte noch zu Hause. Er hatte nicht viel Glück im Leben, der liebe Gott hatte ihm nicht genug Verstand geschenkt, um alleine über die Runden zu kommen. Und dort, wo jetzt sein Vater gerade stehengeblieben war, dort war er gestürzt, hatte sich den Oberschenkelhals gebrochen, denn wenn zwei Zentner unbewegliches Fleisch aufs Eis knallen, bersten darunter die Knochen.

„Wieso ist er jetzt tot? Wie kann das sein?" Olivers Vater will es nicht glauben. Jeden Pfennig, der noch irgendwie übrig war, haben sie zurückgelegt, auf Urlaub verzichtet, gespart und gespart, damit ihr liebes Kind, ihr Oliver keine Sorgen hat, wenn sie einmal nicht mehr sind. Und jetzt? Jetzt sind sie, aber Oliver nicht mehr.

Daran stirbt man doch nicht.

Inzwischen waren wir alle, Herr und Frau Bauer, der Betreuer und ich in der Klinik angekommen. Voller Unruhe lief Herr Bauer den Gang auf und ab. Einmal durchquerte er das Stationszimmer.

„Da dürfen Sie nicht durch", rief ihm eine junge Krankenschwester nach.

Aber das kam ihm gerade recht. Olivers Vater drehte sich um und blaffte sie an. „Was? Das dürfen Sie nicht ...?", wiederholte er. „Wo sind wir hier, in Dachau? Schlimmer als Dachau", schimpfte er.

Ich versuchte ihn zu beruhigen, Regeln gäbe es nun mal überall, die Krankenschwester mache doch nur ihren Job, könne das alles doch nicht wissen. „Das sind halt Krankenhausvorschriften", sagte ich. Aber ich konnte ihn nicht richtig beruhigen. Er streifte weiter durch den Gang, unruhig, wie ein eingesperrter Tiger.

„Ich muss noch mal zu seinem Bett", stieß er atemlos aus und riss die Tür des Krankenzimmers auf. Aber das Bett war längst leer, frisch bezogen.

Daneben ein weiteres Bett, es ist belegt. Mit großen Augen sieht der überraschte Patient den alten Mann auf das leere, sehr weiße Bett starren, richtet sich auf in seinem Bett. Er weiß nichts, weiß nichts von Olivers Verbleib.

Herr Bauer streichelte mit seiner alten Hand das leere Bett. „Dort hat er gelegen. Gestern noch, da hab ich doch mit ihm geredet. Warum?"

Lange mussten wir warten. Der zuständige Arzt versuchte, den Mann mit dem Schlüssel für die Leichenkammer zu verständigen. Aber der hatte gerade keine Zeit. Herr Bauer lief währenddessen weiterhin unruhig den Gang auf und ab, dabei immer wieder durch das Stationszimmer, das zwei Gänge miteinander verband. Wir alle wurden dadurch immer nervöser. Auch Meierhofer, der Betreuer, wirkte gehetzt, hatte einen angestrengten Blick. Frau Bauer saß im Wartezimmer, weinte still. Sie war von uns allen die Ruhigste. Sie saß nur da und weinte geräuschlos.

Herr Bauer kommt wieder durch das Stationszimmer auf unsere Gangseite zurück, bleibt kurz stehen, schaut mich einen Augenblick an. Warum dauert das so lange, scheint er mich zu fragen. Er zweifelt immer noch am Tod des Sohnes, hält alles für eine Verschwörung der Ärzte. Das Wort „Dachau" fällt noch einmal, dort war er als junger Mann, weil er nicht in den Krieg ziehen, weil er nicht der Erfüllungsgehilfe von Hitlers Mörderstaat sein wollte. Und jetzt nehmen die mir auch noch meinen Sohn, scheint er zu denken. Wo ist sein Sohn? Er will jetzt seinen Sohn sehen. Er glaubt, die Ärzte verstecken ihn, haben Oliver irgendwo hingebracht. Tot kann er nicht sein, er hat doch eben noch gelebt.

„Beruhigen Sie sich, Herr Bauer", sagte Meierhofer und griff ihm vorsichtig an die Schulter. „Der Mann mit dem Schlüssel hat grade keine Zeit."

„Der Mann mit dem Schlüssel", denke ich und finde den Satz schon fast symbolisch.

„Was heißt das? Was ist das hier für ein Krankenhaus. Da war ja Dachau noch besser", schimpfte Herr Bauer und riss sich los, tigerte wieder den Gang auf und ab.

Der Arzt, ein junger, schmaler, blasser Typ, mit randloser Brille, blondes, schon leicht schütteres Haar wie Flaum auf dem Kopf. Endlich kam er. Und er wirkte wirklich betroffen. Ganz ernst war er. Auch für Ärzte ist der Tod schwer zu begreifen. Immer wieder musste er Herrn Bauer erklären, wie es passiert ist.

„Lungenembolie."

Herr Bauer begreift nicht: „Wie kann das sein?"

„Wir haben noch versucht, ihn zu reanimieren."

„Wie? Was war das? Lungenembolie?"

Der Arzt bleibt geduldig, auch wenn es ihm sichtlich schwer fällt.

Der Tod ist mächtig. Irgendwann, irgendwann holt er uns alle. Als ich dem Arzt unten vor der Leichenkammer zuflüstere, dass Herr Bauer erst gestern erfahren hat, dass er schwer krebskrank sei, nur noch Wochen, maximal Monate zu leben habe, schnauft er: „Schlimm." Schicksal dämpft die Stimme. Laut kann keiner sein im Angesicht eines toten Menschen.

Auch der Tod kommt mit leisen Sohlen daher, man bemerkt ihn nicht. Niemand will den Zeitpunkt seines Todes wissen.

Sei mal ganz leise, ganz still. Hörst du ihn? Besser nicht, macht das Radio wieder an.

Tage später schaute ich mir den Film *Das Beste kommt zum Schluss* an. Jack Nicholson und Morgan Freeman spielen darin zwei Krebskranke, die es noch mal richtig krachen lassen, sich eine „Löffelliste" zusammenstellen, was sie noch alles tun wollen, bevor sie „ins Gras beißen". Und einmal sind sie in Ägypten, bei den Pyramiden, und da referiert Morgan Freeman über die Todesvorstellung der Ägypter. Wenn man an die Himmelspforte kommt, werden dem Toten zwei Fragen gestellt. Erst wenn man die Fragen beantwortet, wird man eingelassen. Erste Frage: Hast du jemals Freude empfunden in deinem Leben? Zweite Frage: Hast du jemals dafür gesorgt, dass ein anderer Freude empfindet?

Jack Nicholson wehrt ab, ach, das sind die typischen Fragen.

Als wir wieder bei den Bauers zu Hause sind – alle waren wir erschöpft, niedergeschlagen –, saß das alte Ehepaar am Bettrand, kaum ansprechbar.

„Der schläft jetzt, tief und fest“, sagte Olivers Vater zu seiner Frau und schüttelte den Kopf.

50 Jahre waren die beiden verheiratet, 45 Jahre alt wurde der Sohn.

Meierhofer und ich ließen die beiden in ihrer Wohnung allein zurück. Ein gutes Gefühl hatten wir dabei nicht.

Trösten? Wie sollten wir die beiden trösten?

Das macht die Zeit.

Auf leisen Sohlen kommt der Tod. Es ist gut, dass er nicht marschiert. Ich habe dem Ehepaar Bauer ein Radio mitgebracht, mit Kassettendeck und CD-Player. Lasst das Radio laufen. Damit es nicht zu still ist.

Blaukraut bleibt Blaukraut

Er habe Blaukraut kochen wollen, aber es sei einfach nicht weich geworden, sagt Herr Bauer verzweifelt und vergräbt sein Gesicht in den Händen. Auf der Herdplatte ein schwarzer Rand. In der ganzen Wohnung der typische Geruch von Blaukraut. Es ist später Nachmittag, aber die Jalousien sind geschlossen, sodass kein Tageslicht in die Wohnung kommt. Die Haushaltshilfe hatte uns verständigt, dass es Probleme gebe. Dass sie nicht in die Wohnung dürfe. Nachdem wir hartnäckig geklingelt, geklopft und auf uns aufmerksam gemacht haben, als wir drohen, wir müssten sonst die Polizei verständigen, lässt Herr Bauer Meierhofer und mich schließlich hinein.

„Wenn Sie uns nicht in die Wohnung reinlassen, dann können wir Ihnen nicht helfen", sage ich zu Herrn Bauer und bitte ihn noch einmal, uns seinen Zweitschlüssel zu geben. „Zur Sicherheit", sage ich. „Falls Ihnen was zustößt", insistiere ich. Ich betone, dass wir das nicht missbrauchen würden.

Aber Herr Bauer reagiert nicht auf meine Worte.

„Wir wollten Kartoffeln dazu, aber uns ist das Wort nicht eingefallen", sagt nun seine Ehefrau, Frau Bauer.

„Ich kann nicht mehr", sagt Herr Bauer, den Kopf auf dem Küchentisch und in den Armen vergraben. Dünn und abgemagert hebt er den weißhaarigen Kopf und blickt sich kurz in der Küche um. Durch das eine weiße, blinde Auge wirkt er fast dämonisch. „Das Blaukraut, das schmeiß ich jetzt weg, den ganzen Topf", sagt er, aber er rührt sich nicht, lässt den Kopf wieder sinken.

„Herr Bauer", versuchen wir es noch einmal, der Betreuer und ich, „es wäre besser, wir hätten einen Schlüssel, zur Sicherheit."

„Ich brauch keine Hilfe." Herr Bauer starrt trotzig die Tischplatte an.

„Aber Ihre Frau, Herr Bauer", sage ich darauf.

„Gib ihm halt den Schlüssel", sagt Frau Bauer mit überraschender Entschlossenheit in ihrer Stimme. Frau Bauer, seit ihrem Schlaganfall kennen wir sie nur weinerlich und leicht verwirrt. Jetzt wirkt sie plötzlich ganz klar und entschlossen.

Ihr Mann hat den Kopf gesenkt, wirkt wie abwesend. Er ist verzweifelt. Alles bricht auseinander! Der Sohn: tot! Er selbst hat keinen Lebensmut mehr. Nicht einmal das Blaukraut wird weich. Das konnte er sonst immer. Jetzt klappt nicht einmal mehr das. Es hat alles keinen Sinn mehr. Er spuckt auf das Leben. Fünf Jahre im Krieg, so viele sind gestorben und ich hab überlebt. Wozu? Wär ich doch auch dort verreckt. Leben! Pah. Das ganze Leben war für ihn ein einziges Dachau. Der Krieg, der behinderte Sohn, der vor ihnen stirbt, die Frau hat einen Schlaganfall und die Verwandten haben sie um Geld betrogen, alles nur Lug und Trug. Dein ganzes Leben lang sparst du, und am Ende? Kriegst du nicht mal das Blaukraut weich. Das Fass ist übergelaufen.

Dennoch: Wir haben die Verantwortung, müssen handeln. Abwägen. Selbstgefährdung. Ein Schlüssel zur Sicherheit, das wäre die Lösung.

„Gib ihm jetzt endlich den Schlüssel", wiederholt Frau Bauer und beinahe haut sie dabei auf den Tisch. Es ist unglaublich! Sie kann plötzlich trotz ihrer Sprachbehinderung gut reden. Doch ihr Mann hält weiter den Kopf gesenkt. Stillstand. Er ist wie in Trance. Wir verhandeln weiter, überlegen.

„Gut, dann ohne Schlüssel", sage ich, um ihm ein Angebot zu machen. „Aber wenn wir zwei Tage lang nicht reinkommen, dann müssen wir handeln, Polizei, Feuerwehr, Tür aufbrechen."

Doch Frau Bauer ist noch nicht fertig mit ihrem Mann, sie redet weiter auf ihn ein: „So gib ihnen halt den Schlüssel, sei doch vernünftig. Das hat doch keinen Sinn."

Herr Bauer schweigt weiter.

Ich beuge mich zu ihm über den Tisch, nehme seine Hand. „Herr Bauer? Sind Sie noch bei uns?", frage ich.

Langsam hebt er den Kopf, dreht sich, zieht eine Schublade auf und holt eine kleine Pappschachtel aus der Schublade, wirft sie auf den Tisch.

„Sind das die Schlüssel?", frage ich, öffne die Schachtel. Zwei Schlüssel und ein Vierkantschlüssel, mit dem man angeblich das Wasser abstellen kann.

Herr Bauer erhebt sich, wirkt gelöst.

„Ich bin stolz auf Sie", sage ich, „Sie zeigen wahre Größe."

Welch eine Überwindung, fremden Menschen den Schlüssel auszuhändigen, die Schlüsselgewalt zu übergeben. Wir sind jetzt alle erleichtert. Nur wirklich wohl kann man sich nicht fühlen, nach so einer Aktion. Gute zwei Stunden hat alles gedauert. Die Pflegekasse weiß davon nichts. Medikamentengabe 1,66 Euro, Zeit: zwei Minuten. Leistung wird bezahlt, Menschlichkeit ist nicht einkalkuliert. Jede Form von Menschlichkeit ist Betrug an der Pflegekasse.

Insgesamt drei Stunden, am Freitag spätnachmittags, wir hätten längst Feierabend gehabt. Ein Betreuer und eine Fachkraft. Kostenfaktor: 300 Euro.

Eine bestimmte Verwaltungssoftware für ambulante Pflegedienste wirbt mit einem Modul für mobile Datenerfassung. Die Pflegekraft erfasst ihre Leistungen vor Ort elektronisch. Vom Büro aus kann man den Aufenthalt der Pflegekraft zeitlich und örtlich verfolgen. Totale Mitarbeiterüberwachung wäre jederzeit möglich, indem man das Mobiltelefon des Pflegemitarbeiters ortet. Die Perversion liegt aber nicht in der Überwachung, die Perversion liegt in der Kosten-Nutzen-Kalkulation, einer Kalkulation, die alles Menschliche negiert. Der Mensch ist ein Faktor, der kranke Mensch eine Ware. Die Aktion beim Ehepaar Bauer ist „ökonomisch" ein Desaster.

Als wir gehen, der Betreuer und ich, – wir stehen draußen im Herbstlicht – atmen wir beide tief durch, sehen uns kurz an. Es war anstrengend. Aber in meiner Tasche spüre ich die Schlüssel und dieses Gefühl von Sicherheit. Wir nicken einander zu und verabschieden uns. Er geht zu seiner Familie, er hat zwei kleine Töchter. Ich gehe sicher noch ein Bierchen trinken. Das habe ich mir verdient.

Der blaue Engel

Zwei bis drei Zentner hat er bestimmt gewogen. Zum Schluss hat er sich auch kaum noch bewegt, versteinerte zusehends. Immer saß Oliver schweigend im Wohnzimmer seiner Eltern, zwischen Bergen verschmutzter Wäsche, Kartons, Flaschen, Essensresten und einer elektrischen Eisenbahn. Ein Riese, zum Fürchten sah er aus, dabei war er ganz harmlos gewesen. Einmal besuchte ich die Familie Bauer, da hatte er Durchfall. Und wenn ein Riese Durchfall hat … Sein fast 90 Jahre alter Vater, Herr Bauer, kniete und wischte die Scheiße vom Boden. Oliver stand, mit seinen über 40 Lebensjahren, hilflos und erstarrt mit herabgelassener Hose an der Türschwelle. Frau Bauer saß in der Küche und weinte. Sie konnte nicht helfen, brauchte ja selber Hilfe.

Und jetzt quälen sich die fünf Bestattungsbeamten, den schweren Sarg in das vom Regen aufgeschwemmte Grab zu fädeln. Vergebens.

Sie hatten den Sarg falsch angepackt, ließen das Kopfteil zu früh hinunter. Außerdem hatte der Dauerregen die Erde weiter aufgeweicht und damit das Loch noch enger gemacht.

Sie geben sich Mühe, es fehlte noch, dass sie dabei fluchen. Oliver passt nicht in sein Grab.

So wenig wie er in sein Leben passte. Ein winziges Stück Fett hat den Riesen dann gefällt. Im Krankenhaus wollte man ihn lagern, und da hat sich etwas von dem Fett gelöst, schoss die Blutbahn entlang in die Lunge, wie eine Gewehrkugel.

Ich stelle mich etwas abseits – unweit der Aussegnungshalle –, um eine Zigarette zu rauchen, und betrachte einen blauen Engel. Türkisblau, in der Manier des Erzengels Gabriel streckt er den Arm. Ein Regentropfen läuft ihm über das

Gesicht und er sieht aus, als würde er weinen. In Memoriam Glatzer, gefallen in Russland, steht in goldenen Lettern auf dem Grabstein unter dem Engel. Der Vater, denke ich, hat den Krieg überlebt, der Sohn nicht mal einen Ausrutscher beim Einkaufen. Herr Bauer ist ein dünner, kleiner Mann, aber zäh. Das Fett hatte Oliver von Frau Bauer geerbt. Sie war Köchin.

Das Ehepaar Bauer sitzt auf Gartenstühlen vor dem schmucklosen Grab. Sie weinen leise. Der schlichte Holzsarg von Oliver ragt aus dem Loch heraus. Kein Pfarrer, keine Rede, keine Musik, keine sonstigen Verwandten. Der Vater wollte es so. Nur der Regen spielt seine monotone Ukulele. Ein Glück, dass wir Blumen mitgebracht haben, sonst hätte es gar keine gegeben. Sogar grüne Matten fehlen. Angeblich neue Vorschriften wegen der Rutschgefahr.

Am Kopfende des Grablochs sehe ich Mauerwerk, nicht nur Erde, so, als gäbe es dort ein Tunnel. Als ginge es dort unterirdisch weiter. Aber Oliver wird sich nicht durchgraben, hat sich doch schon zu Lebzeiten kaum noch bewegt (vielleicht, weil er ahnte, dass das sein Tod sein könnte).

Das Ehepaar Bauer sitzt lange dort, schweigend. Niemand redet. Beide sind tapfer. Man lebt weiter. Und auch der Regen plätschert weiter auf den widerspenstigen Sarg.

Als wir gehen, vergesse ich meinen Regenschirm.

Dass Herr Bauer nach dem Tod des Sohnes noch einmal kurz auflebt, hat nichts zu sagen. Er hat vielleicht einfach noch mal tief Luft geholt, vor dem letzten Abtauchen. Unter dem ehelichen Doppelbett über hundertfünfzigtausend Euro, in alten Kaffeebüchsen zusammengerollte kleine Scheine, in Papier eingedrehtes Hartgeld, ein Teil noch in DM, vom Mund abgespart für eine Eigentumswohnung. Für den Jungen. Von

Herrn Bauer kein Protest mehr, als wir das Geld mit der Sackkarre aus der Wohnung schaffen, um es zur Bank zu bringen.

Ein halbes Jahr später ist auch Herr Bauer tot. Und wird obendrauf gepackt. Der Vater auf den Sohn. Ein Vierteljahr danach dann die Mutter.

Jetzt leben nur noch wir weiter. Es kommen andere Klienten, andere Sorgen. Wenig Zeit. Und das Geld? Bekommen jetzt die ungeliebten Verwandten.

Mein Regenschirm? Steht vielleicht noch im Aufenthaltsraum der Bestattungsbeamten oder ist schon auf dem Fundbüro, unter vielen anderen verlorenen Regenschirmen.

Und der blaue Engel? Bei Regen weint er immer noch.

Frau Grummel

Der Heilige Geist

Der Heilige Geist wohnt in einer kleinen, schwarzen, herzförmigen Schachtel im fünften Stock einer Giesinger Stadtwohnung. Frau Grummel ist sehr religiös. Überall in ihrer Wohnung stehen Heiligenbildchen herum, Bilder von Papst Johannes Paul II. und seinem Nachfolger Benedikt. Frau Grummel hört regelmäßig Radio Horeb, einen christlichen Sender, sie sieht sich jede Messe im Fernsehen an und bittet den lieben Gott täglich um Beistand. Sie kommt aus Polen. Flüchtlingshintergrund. Die Haut auf ihrem Rücken weist eine breite Narbenfläche auf. Als Kind sei sie in einen Bottich mit heißem Schweinefett gefallen.

Die Kindheit von Frau Grummel war hart. Sie musste früh und schwer arbeiten. Für die Schule waren weder Zeit noch Geld da. „ Gott sei Dank", sagt sie, „kann ich wenigstens meinen Namen schreiben. Aber ich vergesse so viel. Haben Sie gesagt, dass Sie heute kommen?"

Ich nicke.

„Jesus", sagt sie und schlägt die Hände zusammen.

Frau Grummel trägt stets denselben Morgenmantel, das Blau schon ausgebleicht, die Ärmel haben schwarze Ränder. Aber alle Versuche, ihn mal zu waschen, scheiterten. Wenn Badetag ist, immer am Donnerstag, schafft man es manchmal, dass sich Frau Grummel die Unterwäsche wechseln lässt.

Frau Grummel ist unglücklich. Niemand besuche sie, die Verwandten kämen nicht mehr. Früher sei man zusammengesessen. Aber heute? Kein Zusammenhalt mehr, daher komme das, die Menschen halten nicht mehr zusammen, die Kälte. Das habe der Pfarrer neulich im Radio gesagt.

Wenn man Frau Grummel fragt, wie es ihr geht, erwidert sie ständig: „Schlecht! Mir geht es schlecht."

Die Wohnung hat sie seit dem Tod ihres Mannes nicht mehr verlassen. In die Kirche will sie nicht mehr gehen. Sie sei viel in der Kirche gewesen, sagt sie. Im Schlafzimmer habe ihr Mann gelegen. Keinen Arzt, habe er gesagt. „Warum habe ich auf ihn gehört?“ Sie weint, wenn sie diese Geschichte erzählt. Sie seien immer zum See gefahren, da sei er hinausgeschwommen und sie habe Angst um ihn gehabt. Aber er war ein guter Schwimmer. Obwohl er nur noch ein Bein hatte. Das andere hat er im Krieg gelassen.

Frau Grummel erzählt uns immer wieder, dass sie lieber tot wäre.

„Die seelische Krankheit, wissen Sie.“ Sie rede nur noch mit dem Tod, aber der erhöre sie nicht.

„Und im Fernsehen“, sagt sie, „kommt auch nichts Gescheites mehr.“

Dann zählt sie ein paar Nachbarn auf, die auch schon weit in den Achtzigern sind, macht eine kleine Kunstpause, schaut mich nachdenklich an und sagt: „Sagen Sie mal, sterben die Leute heutzutage eigentlich noch?“

Ich versichere ihr, dass das wohl schon so sei, aber sie scheint mir nicht ganz zu glauben.

Wir kaufen für sie ein. Immer das Gleiche: Bananen, nur Chiquita beim Hertie, die kleinen, nicht die großen Bananen, die großen Bananen schmecken ihr nämlich nicht. Gelbwurst beim Vinzenz Murr, ohne Grün und ohne Haut. Semmeln von Müller, nur von Müller. Zartbitter Schokolade von Milka, nur diese Sorte, beim Hertie. Und gegenüber im Getränkemarkt ACE-Saft. Stellen wir diesen Ernährungsplan um, stellt Frau Grummel das Essen ein.

Sie ist dankbar, wenn wir kommen, und freut sich über unsere Besuche. Und in einer kleinen, schwarzen, herzförmigen Schachtel verwahrt sie seit einigen Tagen ihr neues Haustier. „Das ist der Heilige Geist", sagt sie. „Wussten Sie das, dass Käfer Träger des Heiligen Geistes sind?" Sie nimmt ihn aus der Schachtel.

Erst denke ich, der Käfer sei tot. Aber er lebt, ist vielleicht nicht gerade im besten gesundheitlichen Zustand, aber jetzt krabbelt er den Küchentisch entlang, langsam, ich sehe, wie er den Kopf ausfährt, die Fühler vorstreckt, die Beinchen werden lang.

„Schauen Sie, die Zeichnung", sagt Frau Grummel und deutet auf den Rücken des Käfers, „das ist wie ein Kreuz." In der Tat könnte man die Zeichnung auf dem schwarzbraunen Panzer für ein Kreuz halten. „Mein Gott", sagt sie. „Neulich war er weg, und ich habe ihn gesucht. Aber ich habe ihn da hinten wieder gefunden", sagt sie und deutet zur Balkontür. Der Heilige Geist wollte fliehen.

Der Käfer – es handelt sich um eine gemeine Küchenschabe – krabbelt über den Tisch, er ist schon beim Blumentopf. Ich weise Frau Grummel darauf hin, dass der Käfer wieder fliehen will.

„Oh Gott", sagt sie und nimmt ihn, legt ihn wieder in die Schachtel. „Ich rede immer mit ihm. Ich erzähl ihm alles."

Der Heilige Geist ist eine Kakerlake, er lebt in einer kleinen, schwarzen, herzförmigen Schachtel im fünften Stock einer Giesinger Stadtwohnung.

Er spricht mit ihr

Heute ist die Gemeine Küchenschabe als Kosmopolit weltweit verbreitet und selbst auf abgelegenen Inseln anzutreffen. Die einzige Ausnahme bilden die polaren Gebiete der Arktis und Antarktis, wo es für die Tiere zu kalt ist.

WIKIPEDIA.ORG

Pius, die Kakerlake, lebte immer noch.

Inzwischen waren schon über drei Monate vergangen, seit der Heilige Geist Frau Grummel in Form einer Küchenschabe erschienen war. Allerdings kam Pius kaum noch mit seinen Füßchen auf den Boden, so dick war er. Frau Grummel hatte ihm ein Häufchen Krümel aus alten Butterkeksen hergerichtet. Und sein Rücken war schon ganz abgegriffen, weil sie ihm gerne zärtlich den schwarzbraunen „Schabennacken" kraulte.

Ich saß am Küchentisch, neben Frau Grummel, und auf der blumig gemusterten Tischdecke lag Pius direkt auf den Kekskrümeln. Er lag ganz still, sodass ich erst dachte, er wäre tot. Ich war mir auch nicht sicher, ob Leibniz Butterkekse die adäquate Nahrung für Küchenschaben sind. Doch plötzlich hörte ich es laut brummen, wirklich laut! Ich bin richtig erschrocken. Pius steigt auf! Ich hatte nicht gedacht, dass er noch fliegen kann bzw. überhaupt dazu in der Lage ist. Bislang hatte ich ihn ja immer nur krabbeln gesehen.

Aber Pius flog. Mit einem derart lauten, nahezu theatralischen Summen, dass es mir irgendwie übertrieben vorkam. Es erschien mir wirklich so, als wollte Pius all unsere Aufmerksamkeit auf sich lenken. Was ihm auch gelang. Er flog – sein Flugstil wirkte ein wenig plump – zum orangefarbenen Vorhang an der Balkontür. Von dort konnte man durch das Glas der Balkontür direkt auf den Westturm der Maria-Hilf-Kirche blicken. Ich weiß nicht, wo Pius genau hinwollte, jedenfalls kollidierte er recht ungeschickt mit dem Vorhang, stürzte ab und verstummte. Die Schabe lag nun am Boden auf dem Rücken, erst stumm, ganz verdutzt, als sei sie selbst überrascht von ihrem plötzlich Flug und Absturz. Dann fing sie wieder an zu brummen und strampelte verzweifelt mit ihren Beinchen in der Luft. Der Heilige Geist in Not.

„Wollen Sie ihm nicht helfen?", fragte ich Frau Grummel.

„Oh", sagte sie, „das schafft er nicht allein", und stand behäbig auf. Sie zupfte sich ihren Morgenmantel zurecht und ging leicht gebeugt zur Balkontür, sah hinab zu dem Käfer, der immer noch verzweifelt mit seinen Beinchen zappelte, sich nicht von alleine wieder in eine günstigere Position drehen konnte. Sie bückte sich, hob den Käfer vorsichtig auf, legte ihn auf ihre Handfläche, strich ihm zärtlich über den „Schabennacken" und brachte ihn zurück, setzte ihn dann in seinen schwarzen, herzförmigen Käfig, der seit einigen Monaten sein vom Licht geschütztes Zuhause war. All das ließ Pius ohne geringste Gegenwehr mit sich geschehen.

Als Gregor Samsa eines Morgens aus unruhigen Träumen erwachte, fand er sich in seinem Bett zu einem ungeheuren Ungeziefer verwandelt. Er lag auf seinem panzerartig harten Rücken und sah, wenn er den Kopf ein wenig hob, seinen gewölbten, braunen, von bogenförmigen Versteifungen geteilten Bauch, auf dessen Höhe sich die Bettdecke, zum gänzlichen Niedergleiten bereit, kaum noch erhalten konnte. Seine

vielen, im Vergleich zu seinem sonstigen Umfang kläglich dünnen Beine flimmerten ihm hilflos vor den Augen.
Franz Kafka, Die Verwandlung

Einige Tage später rief mich Frau Wimmer an. Sie ist die zuständige ambulante Psychiatrieschwester von Frau Grummel. Frau Wimmer war entsetzt über den Käfer. Sie möge keine Käfer, sagte sie, habe dennoch gar nichts dagegen, dass Frau Grummel mit dem Käfer spreche, aber: „Er antwortet ihr!“ Frau Wimmer war nun sehr erregt. „Was ist“, fragte sie in hysterischem Tonfall, „wenn er ihr sagt: Spring?“

Ich hatte an dem Tag etwas Stress und einigen Bürokram zu erledigen, und ich hatte mir – um ehrlich zu sein – darüber keine Gedanken gemacht. Ich betrachtete Pius längst als einen zu klein geratenen Wellensittich. Dass Pius eine Küchenschabe, *blatta orientalis*, ein sogenannter Vorratsschädling war und dass sich der Mensch im Allgemeinen vor diesem Tier ekelt, ja dass sich sogar (wie ich später in einem Artikel las) Schweine vor der Küchenschabe ekeln, das alles hatte ich komplett verdrängt.

Während also Frau Wimmer auf mich einredete und ich am Aktenschrank zwei Ordner rausfischte, den Telefonhörer zwischen Schulter und Ohr geklemmt, fiel ein klassischer Fachbegriff der Psychiatriesprache, den ich seit Langem nicht mehr gehört hatte: imperative Stimmen. Das bezeichnet eine Art der akustischen Halluzination, die das eigene Tun in Form einer kommentierenden Stimme begleitet, oft in Befehlsform. Schizophrene hören solche Stimmen gerne. Nicht selten gehen sie einer Selbsttötung unmittelbar voraus. „Spring!“

Die Schwester argumentierte nun aufgeregt, dass Frau Grummel ihre Medikamente nicht regelmäßig nehme. Sie machte mir Vorwürfe und sich selbst Sorgen.

Ich versuchte, halbherzig, Frau Wimmer zu beruhigen, beinahe hätte ich gesagt, das sei doch Pius, ob sie ihn denn nicht kenne. Ich hatte seinen unbeholfenen Flug vor Augen, sein herzförmiges, schwarzes Häuschen, aber ich hatte nicht darüber nachgedacht, dass Pius doch ein recht ungewöhnliches Haustier ist. Man gewöhnt sich eben.

Dennoch ließ es mir keine Ruhe. Spricht der Käfer nun zu ihr oder spricht er nicht?

Als ich Frau Grummel das nächste Mal besuchte, fragte ich sie ganz direkt danach. Pius lag wie so oft in letzter Zeit, wenn ich bei Frau Grummel war, auf seinem Häufchen aus Kekskrümeln und ließ es sich einfach gut gehen. Ich hatte auch den Eindruck, dass er ziemlich an Körpervolumen zugelegt hatte. Ob es an den Butterkeksen lag oder nur daran, dass Pius noch nicht ausgewachsen war, konnte ich nicht sagen. Ich war ja kein Entomologe.

„Frau Grummel", fragte ich nun, sah sie treuherzig und etwas besorgt an, „antwortet Ihnen Pius?"

Frau Grummel blickte mich an, als hätte ich ihr einen Heiratsantrag gemacht.

„Nein", sagte sie trocken, dann lächelte sie etwas, so als würde sie langsam verstehen, worauf ich hinauswollte. „Ich erzähle ihm immer etwas, aber Pius spricht doch nicht. Er ist ein Käfer.[3]"

---

3 Die Küchenschabe ist ein Insekt und gehört nicht zu den Käfern. Daher ist auch der Entomologe und nicht der Koleopterologe für die Klassifizierung zuständig.

Eine Kollegin erzählte mir, dass Frau Wimmer in Begleitung von zwei ihrer Kollegen in die Wohnung von Frau Grummel gestürzt sei und die arme Frau mit vielen Fragen zu ihrer Seelenlage bombardiert hätte. Pius sei von all dem recht unbeeindruckt geblieben.

Er ist eine Schabe und hat wohl keine besondere Meinung zu Frau Grummels Seelenlage – solange die Butterkekse nicht ausgehen.

FRAU GUSTAV

Mit Frau Gustav in der Matrix

Wenn Frau Gustav lacht, wirken ihre Augen noch asiatischer, die Pupillen sind ganz dunkel, die Lidachsen schräg nach außen hin gezogen, und die Landschaft um ihre Augen erinnert an den Himalaya, aus großer Höhe aufgenommen.

84 Jahre alt ist Frau Gustav, springlebendig, und sie lacht wirklich gerne. Eine immer noch neugierige, alte Dame mit einer sogenannten mittelgradigen Demenz. In der Wohnung kommt sie nicht mehr so gut zurecht, die Wäsche schafft sie nicht mehr, findet sie nicht, pflegt sie nicht, sich selbst pflegt sie auch nicht mehr sehr regelmäßig. Die Tageszeiten rutschen durcheinander, sie ist oft nachts unterwegs. „Ich bin heute Nacht wieder gewandert“, sagt sie dann.

Weil sie so ein offenes Wesen hat, sich einem zuwendet, und so herzlich lachen kann, täuscht ihre Fassade manchmal. Denn sie redet auch über Selbstmord, spricht dann von der Selbstmordbrücke.

„Kennen Sie die Selbstmordbrücke, Großhesselohe?“

„Ja, kenne ich“, antworte ich ihr.

„Von der habe ich heute Nacht geträumt“, sagt sie, „wenn ich könnte, dann …“

Und dann – was soll ich schon sagen – erwidere ich: „Ach, Frau Gustav, das können Sie abwarten.“ Und wir lachen zusammen.

Aber dann fällt mir ein, dass sie ja auch 100 werden könnte, und das sind noch 16 Jahre hin. Sie wird verfallen. Irgendwann wird sich zur Inkompetenz die Inkontinenz dazugesellen. Bettlägerigkeit, sich wund liegen, vor sich hin vegetieren, sterben. Nicht schön. Und doch: Das Leben ist so schnell vorbei.

Frau Gustav war von Beruf Fotografin. Überall in ihrer Wohnung liegen noch ihre Arbeiten herum. Sie sieht inzwischen nicht mehr besonders gut, sie hat einen Katarakt. Eine Trübung der Linse. Alles liegt in einem Nebel. Die übliche Operationstechnik besteht darin, die kranke Linse mithilfe eines Lasers zu zertrümmern und in den Kapselsack eine Kunstlinse aus Silikon oder Kunstacryl einzusetzen. Frau Gustav wurde mit dieser Lasertechnik auch schon operiert. Die Operation verlief erfolgreich. Dennoch wollte Frau Gustav nicht auf ihre Brille verzichten. Leider findet sie diese nicht immer.

Ich habe eine besondere Beziehung zu Frau Gustav, sicher, ich mag sie, sie beeindruckt mich auch irgendwie.

Vielleicht erklärt dies, warum ich von ihr träumte. Ansonsten wäre es ein Alarmzeichen. In meinem Beruf ist die Gefahr des Burn-outs besonders groß.

Burn-out heißt eigentlich Brennschluss. Das kommt aus der Raketentechnik. Wenn bei einer Rakete der Treibstoff aus ist, wird sie abgeschaltet, es ist dann der optimale Punkt der Aufstiegsbahn erreicht. Bei Feststoffraketen lassen sich die Triebwerke jedoch nicht abstellen. Sie brennen so lange, bis der Treibstoff verbraucht ist, in den letzten Sekunden (-Bruchteilen) nimmt jedoch der Schub ab. Sie haben also keinen exakten Brennschluss, sondern brennen aus. Dann werfen sie ihre Booster ab, Hilfsraketen, die beim Aufstieg für mehr Schub gesorgt haben.

Brennt ein Mensch aus, dann wirft er auch einiges von sich ab: seine Freunde, seine Hobbys, am Ende sogar seine eigene Persönlichkeit (Depersonalisation). Lauter Booster, die der Beschleunigung dienten. Schade um die Freunde, die irgendwo im pazifischen Ozean zwischen San Francisco und

Los Angeles landen und als Treibgut enden. Schade um die Persönlichkeit, die ja irgendwie zu einem gehörte, an die man sich gewöhnt hat, die man sich angewöhnt hat.

Kranke Menschen, die man professionell betreut, taugen nicht als Booster. Die Widersprüchlichkeiten, die da auftauchen, sind kaum logisch zu bewältigen. Von daher verarbeitet man sie irrational.

Ich träumte also von Frau Gustav.

Ich sehe sie in ihrer Wohnung im Wohnzimmer stehen. Sie hat mir den Rücken zugewandt. Dann dreht sie sich um, trägt eine dunkle Sonnenbrille. Ihre Augen sind dahinter verborgen.

Das war's, der ganze Traum. Ein Sinnbild für meine Angst davor, dass Frau Gustav erblinden könnte? Schwer zu sagen.

Jedenfalls besuche ich sie zwei Tage später. Als ich die Treppen hochkomme, sehe ich die Wohnungstür, sie ist nur angelehnt. Ich gehe hinein in den Flur. Frau Gustav ist nicht zu sehen. Ich fühle mich komisch. Ein Gefühl, das jeder verstehen kann, der den Film *Matrix* kennt: Irgendetwas stimmt nicht, aber du kannst nicht sagen, was es ist. Du machst deinen Job, du stehst morgens auf, gehst in die Arbeit. Aber irgendetwas stimmt nicht. An deinem Chef stimmt etwas nicht. Mit deinen sogenannten Freunden stimmt etwas nicht.

In etwa das alles, und überhaupt ein komisches Gefühl. So stehe ich im Flur von Frau Gustav.

„Frau Gustav?!", rufe ich. Keine Antwort.

„Frau Gustav?!", rufe ich erneut und blicke mich um. Die Küchentür ist offen und ich gehe hinein. Hier ist sie nicht.

„Frau Gustav?" Ich gehe aus der Küche heraus und wieder in den Flur. Ich gehe zur Wohnzimmertür. Die Wohnung ist dunkel. Das angeschaltete Licht nutzt nicht viel.

„Frau Gustav?" Eine Gestalt im Wohnzimmer, sie steht am Fenster, hat mir den Rücken zugewandt. Die Gestalt dreht sich um und trägt eine dunkle Sonnenbrille. Es ist Frau Gustav. Es ist exakt das gleiche Bild wie in meinem Traum. Ich erschrecke furchtbar.

Als ich einem Freund die ganze Sache erzähle, kurz nachdem wir in dem Film *Source Code* (da geht es um Parallelwelten) waren, meint er, dass so was vielleicht öfter vorkommt, als man meint. Nur achtet man nicht immer darauf. Dass ich die Situation so deutlich erlebt habe – und da hat er wohl recht –, lag am besonderen Überraschungseffekt. Und sicher auch daran, dass ich ein gutes Traumgedächtnis habe.

Was, so frage ich mich, ist aber der Source Code dieser Welt? Keine Ahnung. Und Grund genug, sich manchmal wie eine ausgebrannte Rakete zu fühlen, die *lautlos im Weltraum* treibt.

Und wann komme ich zu den Engeln?

Die ersten Krokusse blühten schon, der Himmel bedeckt und eine subtile Mischung aus kalter und warmer Luft. Ich fühlte mich schlapp, frühjahrsmüde schlich ich dahin wie ein alter Mann. Dennoch saß mir heute der Schalk im Nacken. Nicht gleich, aber doch nach und nach.

Der Start war eher mäßig. In der ersten Bäckerei, wo ich mir eine Butterbrezel kaufen wollte, konnte sich der ältere Herr vor mir nicht entscheiden, welches Brot er kaufen sollte, das mit Krusten, das dunkle oder das hellere. Er drehte sich um und rief seine etwas abseits stehende Frau um Hilfe. Diese reagierte nicht. Mir war das zu mühsam und ich verließ die Bäckerei, ohne etwas gekauft zu haben. Bei der nächsten Bäckerei kam ich erst gar nicht rein. Die Tür öffnete sich nach innen und dort stand ein breiter Kinderwagen. Die Mutter, der er gehörte, reagierte genauso wenig wie zuvor die Frau des älteren Herrn. Also zog ich weiter.

Es gibt Tage, da wird man einfach ignoriert, von der Umwelt geradezu ausgelöscht. Und dann muss man etwas dagegen unternehmen. Als ich vor dem Büro meine Zigarette rauchte, sagte ich zu dem tamilischen Briefträger, dass wir hinter dem Haus noch einen extra Briefkasten für die Briefbomben hätten. Ich erntete feurige tamilische Blicke, und erst dann wurde mir bewusst, dass nur ich über den Scherz lachen konnte, dass er durchaus rassistisch aufgefasst werden konnte. Ich meinte es natürlich nicht rassistisch. Ich meinte es ironisch. Mir saß der Schalk im Nacken.

Etwas später machte ich einen Hausbesuch bei Frau Gustav. Wie immer hatte ich sie geweckt und sie quälte sich ungeschickt in ihren Morgenmantel. Während ich ihr ein kleines

Frühstück richtete und die Kaliumbrause in Wasser auflöste, fragte sie mich, ob ich mit dem Auto gekommen sei.

„Geflogen", antwortete ich bzw. mein kleiner Schalk. Ich hätte da so einen kleinen Propeller am Rücken, den könne sie nicht sehen, weil ich ja meine Jacke drüber anhabe. „Ich hätte ja auf Ihrem Balkon landen können, aber ich wollte Sie nicht erschrecken."

Sie lächelte. „Dann würde ich gerne mal mitfliegen, wie ein kleiner Schmetterling setze ich mich auf Ihren Rücken."

Das ginge leider nicht, antwortete ich, weil ich nur ein Einmannflieger sei. Den Doppeldecker könne ich mir nicht leisten. Und außerdem müsse sie dann Fliegstunden nehmen. Ich sagte nicht Flugstunden, weil selber fliegen ja was anderes ist als mit einem Flugzeug. Wir unterhielten uns noch ein wenig darüber, wie schön es wäre, wenn man fliegen könnte, und ich erzählte ihr meine Lieblingsgeschichte. In den 1970er Jahren gab es nämlich eine Fernsehserie, die immer mit folgenden Worten begann:

„Stanley, ein zarter und schwacher Gnom,
die Pille machte ihn zum Phantom.
Er konnte wie ein Adler fliegen
und jeden Bösewicht besiegen.
Denn seine große Stunde kam
… immer wenn er Pillen nahm!"

Mein sechs Jahre älterer Bruder und ich haben selten eine Folge verpasst. *Immer wenn er Pillen nahm* hätte jedoch beinahe zu einer realen Tragödie geführt, als mein Bruder mir versicherte, dass die bunten Pillen (es waren nur Smarties) mir ebenfalls Superkräfte verleihen würden. Ich stand bereits am äußeren Fenstersims und wollte aus dem ersten Stock in die Lüfte starten, als meine Mutter mich gerade noch daran hindern konnte.

Ich wäre voll auf den Rosengarten geklatscht. Geflogen wäre ich nur kurz: aus dem Fenster des ersten Stockwerks.

Schließlich verabschiedete ich mich von Frau Gustav. Als ich schon an der Tür war, rief sie mir nach: „Und wann bin ich bei den Engeln?“

Da musste ich doch wieder umdrehen. Unzugängliche Bäckereien, feurige tamilische Briefträger, Fantasien übers Fliegen – das war jetzt plötzlich ganz unwichtig. Der Schalk ist ja jemand, der gerne mit anderen seinen Spaß treibt. Sprachlich geht das zurück auf *ahd.* scalk, für Knecht oder Unfreier, auch das Wort Sklave kommt wohl daher. Wer will schon ein Sklave sein? Also erst mal Schluss mit lustig.

„Hoffentlich noch lange nicht“, antwortete ich ihr und ging zurück in die Küche, stellte meine Tasche noch einmal ab. Ob sie denn Angst hätte, fragte ich sie.

„Ja, ich lebe gerne“, sagte sie.

„Ich habe auch Angst vor dem Sterben“, sagte ich.

Sie hätte keine Angst vor dem Sterben, antwortete Frau Gustav darauf. „Ich habe Angst davor, nicht mehr da zu sein.“

Das war schon kniffliger. Ich konnte ihr nur mit Epikur antworten. Der alte Grieche hatte es mal so formuliert: Wenn du bist, ist der Tod nicht. Wenn der Tod ist, bist du nicht. Also warum Angst vor dem Tod haben? Aber ich merkte schon, dass es komplizierter war. Und mir fiel ein, dass ich in der Nacht von einem echten Chronometer geträumt hatte, der verstellt war, und ich konnte ihn nicht richtig einstellen.

„Wenn ich einfach umkippe und nicht mehr bin, dann ist das für mich ein schöner Tod“, meinte Frau Gustav, halb als Frage, halb als Antwort.

„Aber das ist ja jetzt erst mal nicht der Fall“, sagte ich. „So düstere Themen“, murmelte ich noch und verabschiedete mich von ihr, indem ich ihr versprach, am nächsten Tag wieder vorbeizukommen.

„Darauf freue ich mich", sagte sie und wir drückten einander die Hand.

Als ich zur Bushaltestelle ging, war ich immer noch schlapp, der Himmel immer noch bedeckt. Der Schalk saß mir nicht mehr so streng im Nacken. Während der Bus ruckelte, musste ich über meinen Traum nachdenken. Uhren in Träumen sind eine Todessymbolik. Ich dachte an den Medizinprofessor Isak Borg aus dem Film *Wilde Erdbeeren* und seinen Traum von der Bahnhofsuhr ohne Zeiger, der seinem Tod vorausgegangen war.

Obwohl ich so viele alte Menschen besuche und auch oft mit dem Tod konfrontiert bin, denke ich viel seltener über den Tod nach, je näher ich ihm selbst komme. Nicht mehr da sein? Das lässt sich nicht denken. Draußen blühen die ersten Krokusse immer und immer wieder. Ob ich da bin oder nicht. Aber ich bin es, der sie wahrnimmt. Es ist mein Schalk im Nacken, es ist mein Gefühl, schlapp zu sein. Schmerzen und Krankheit, das ist gewiss nicht schön. Und da mag man sich vielleicht auch den Tod wünschen. Aber vorstellbar ist das einfach nicht. Da wünscht man sich den Tod nur stellvertretend für das Aufhören von Schmerz und Krankheit. Etwas anderes als leben? Gibt es nicht. Die vielen kleinen Erlebnisse, die man so hat, die nicht mal von besonderer Bedeutung sind, über die man hinwegstiefelt in seiner Eile, seiner Wichtigkeit, die gäbe es dann alle auch nicht mehr.

Aber wahrscheinlich wird das Leben überschätzt. Im Licht der Erkenntnis wird man nicht immer heiter, manchmal bewirkt dieses Licht, dass man sich sofort umbringen will. „Ich lebe gerne", dieser Satz im Alter von 84 Jahren ausgesprochen, spricht für sich. Aber wenn Frau Gustav von der Selbstmordbrücke spricht, dann geht es ihr nicht gut. Dann lebt sie nicht gerne.

Unsere Träume erfüllen sich nicht immer? Unsere Ambitionen? Wir finden uns allzu rasch damit ab, dass wohl nichts daraus werden wird. Im Kleinkrieg der Alltäglichkeiten gehen Träume und Hoffnungen unter, gelegentlich sind wir auf der Jagd nach Entspannung und irgendwann sterben wir und werden mehr oder weniger vergessen. Wozu die Aufregung? So ist die Natur.

Aber es gibt einen kleinen Lichtblick in dieser Erkenntnis: die eigene Belanglosigkeit. Das nennt man jetzt Ironie. Und davon hat das Schicksal reichlich Stoff. Die eigene Belanglosigkeit ist es nämlich, die einem die Last von den Schultern nimmt, der kantische Blick in die Sterne, die unvorstellbare Größe des Universums, die lächerliche Winzigkeit der eigenen Existenz, das kurze, einem Glühwürmchen vergleichbare Aufflackern des einzelnen Lebens – das zu erkennen, trägt erheblich zur Entspannung bei. Verrückt. Ausgerechnet die Kränkung durch die Tatsache, dass man selbst ein Furz ist im Weltgeschehen, ausgerechnet dieser geradezu beleidigende Sachverhalt lässt einen im Licht der Erkenntnis heiter auflachen. Das ist aber auch ein schmaler Grat, denn es muss einem gerade noch gut genug gehen, dass man sich den Luxus erlauben kann, über seine eigene Belanglosigkeit zu lachen.

Um sich gegen die Hybris zu stemmen und der Rachegöttin Nemesis zu entgehen, bedarf es auch eines bestimmten Charakters. Bescheidenheit. Bescheidenheit gehört zu den Früchten des Heiligen Geistes, wie Liebe, Freude, Sanftmut, Selbstbeherrschung. Tolle Eigenschaften, mit denen wir – hätten wir sie alle – ganz gut miteinander auskämen. Insofern lehrt der Katechismus der katholischen Kirche nicht nur Blödsinn. Das ist auch so eine Sache, die ziemlich in Vergessenheit geraten ist. Unsere Tugenden und unsere Tugendforderungen – sie sind Präambeln unserer christlichen Wertegemeinschaft. Ich bin zwar kein Christ im Sinne eines praktizierenden, gläubigen Menschen. Aber so viel Christ ist in mir, wie wahrscheinlich heutzutage in den meisten Menschen in Deutschland. Ein letzter Rest Erinnerung an alte Kulturtechniken, die im 21. Jahrhundert, dem Jahrhundert des „All you can eat" und „Der Ehrliche ist immer der Dumme", nur eine Randbedeutung haben und für manche nur Beruhigungspillen für die weniger Erfolgreichen sind.

Inzwischen war die Sonne herausgekommen, der Himmel blau und die Luft war voller Aufbruchsstimmung. Die kleinen Ereignisse hatten jetzt mehr Licht und damit mehr Bedeutung. So kann das manchmal sein. Das Wetter ist schön, die meisten Leute sind heiter und entspannt. Und doch passt etwas nicht. Wir wissen einfach nicht, was es ist. „Ich lebe gerne", passt nicht zur „Selbstmordbrücke".

Frau Gustav erzählte mir, dass sie ihre Mutter schon früh verloren habe. Sie starb an Lungentuberkulose, kurz nach dem Zweiten Weltkrieg, in einem Auffanglager für Flüchtlinge. Frau Gustav konnte sich sogar noch an die Zugfahrt zum Lager erinnern, wo sie ihre Mutter besuchen wollte. Sie hatte kein Geld für die Fahrt, hatte sich in das Gepäckabteil geschmuggelt. Sie wurde nicht entdeckt.

Frau Gustav hat Tränen in den Augen. Frau Gustav, die immer so lustig und lebendig ist. Die Dinge geraten manchmal durcheinander. So schnell. Man selber? Ist nichts verglichen mit allem. Schon zu Lebzeiten. Das ist doch nicht tröstlich, lieber Herr Kant.

Trolle

Erklärung für sonst unerklärbare Phänomene (das haben die Trolle gemacht).

WIKIPEDIA.ORG

„Trolle", antwortete ich auf ihre Frage, ob vielleicht jemand in ihrer Wohnung gewesen sei.

Sie konnte sich die Unordnung nicht erklären. Es müsse jemand in ihrer Wohnung gewesen sein, nachts, meinte Frau Gustav.

„Trolle", wiederholte ich, und sie sah mich ungläubig an. Ich schaute so ernst wie nur möglich. Es fiel mir schwer, schon allein deshalb, weil Frau Gustav selbst so ernst blieb. Dennoch schaffte ich es und konnte auf diese Weise meiner Aussage eine gewisse Glaubhaftigkeit verleihen. „Sie sind in etwa 15 Zentimeter groß, es gibt grüne, gelbe, rote und sie leuchten nachts." Mit den Händen deutete ich ihre ungefähre Größe an.

Frau Gustav sah mich fragend an. Aber sie blieb ernst. In ihren Augen lag der Zweifel, oder die Unsicherheit darüber, wie ich das alles meinte.

„Typisch", sagte ich nun und deutete auf ein Paar Socken, die auf dem Boden lagen. „So machen die das gerne. Manchmal räumen sie auch einfach auf. Oder sie verstreuen die Wäsche auf dem Boden. Ganz wie sie lustig sind. Aber keine Sorge. Trolle sind im Grunde harmlos. Aber halt sehr scheu, meist nur nachts unterwegs."

Frau Gustav konnte in meinem Gesicht keinen Fehl entdecken, es musste ihr so vorkommen, als würde ich die reine Wahrheit und nichts als die Wahrheit erzählen.

„Gibt es die wirklich?", fragte sie und blickte mich mit großen Augen an.

Jetzt fiel es mir wirklich sehr schwer, noch ernst zu bleiben. Ich spürte die Mundwinkel, die Lippen und spannte die Muskulatur um den Mund an. „Natürlich", antwortete ich ihr. Auch bei mir seien Trolle gewesen. Inzwischen hätte ich mich daran gewöhnt, würde mich gar nicht mehr darüber wundern, wenn meine Wäsche verstreut auf dem Boden läge, obwohl ich ganz sicher am Vortag aufgeräumt hatte. „Auch über verschwundene Kekse und dergleichen. Kekse mögen Trolle besonders gern."

Inzwischen hat sich die Trollgeschichte zu einem kleinen Ritual entwickelt. Frau Gustav freut sich sogar auf meine „Schickei", wie sie es nennt. Früher habe ihr Vater ihr Geschichten erzählt. „Papa, Papa, erzähl uns eine Schickei." Und der Vater erzählte eine Schickei.

Zu unserer Trollgeschichte kommen auch immer wieder neue Fakten hinzu. Frau Gustav fragt mich etwa, ob es denn wissenschaftliche Beweise für die Existenz der Trolle gebe.

„Gott sei Dank, nein", antworte ich darauf. „Die Wissenschaft ignoriert sie. Ich bin auch froh, dass sie das tut, es sollte doch noch Geheimnisse geben." Da nur ich die Trolle sehen kann – gerade eben huschte einer ins Wohnzimmer, sage ich zu Frau Gustav –, muss ich ihr natürlich erläutern, wie das mit der Wahrnehmung ist. Ich erkläre ihr das so: Wahrnehmung ist mehr oder weniger eine Kulturtechnik. Wir lernen das wahrzunehmen, was in unserer Gesellschaft wichtig ist oder Konvention. So gibt es ja Völker, die halten Steine für belebt oder erkennen ihr persönliches Krafttier oder wandern ganz real durch sogenannte Traumlandschaften.

„Wenn einer zum Beispiel in den Wald geht", sage ich, „dann sieht der eine mehr als der andere, einfach, weil er sich mit dem Wald auseinandergesetzt hat."

„Ich bin früher oft in den Wald gegangen", sagt Frau Gustav „und habe Pilze gesucht." Sie formt mit den Händen einen Korb in die Luft. Einen Korb voller Pilze habe sie aus dem Wald mitgebracht.

„Sehen Sie", sage ich, „ich würde die Pilze nie finden."

„Aber wenn ich Sie mit in den Wald nehme und Ihnen zeige: Hier sind die Pilze, dann würden Sie sie sehen."

„Ja, aber nur dank Ihrer Hilfe. Sie haben mich dann gelehrt, Pilze zu sehen."

Frau Gustav versteht nun, dass es in ihrer Wohnung Trolle gibt, die ich sehe, aber sie nicht. So was muss man eben erst trainieren.

„Und wenn ich jetzt jemandem erzähle, in meiner Wohnung gebe es Trolle …?"

Ich rate ihr davon natürlich ab. „Dann würden Sie wohl wohin kommen, wo Sie gar nicht hin wollen", sage ich.

Und wir lachen zusammen.

Es ist schwer zu sagen, ob Frau Gustav einfach nur mitspielt oder meine Trollgeschichten wirklich glaubt. Würde ich sie fragen: „Glauben Sie eigentlich meine Geschichte?", was sollte sie antworten? Und egal was sie antwortet: Weiß ich, ob ich ihre Antwort nun glauben soll oder nicht? Wir können diese Ebene nicht mehr klären. Die Geschichte spielt ohnehin auf einer anderen.

Einmal wollte Frau Gustav wissen, ob es denn Bücher über Trolle gäbe. Ich erzählte ihr, dass es wohl Schriften gäbe, diese aber in einem besonderen, nicht frei zugänglichen Archiv gelagert würden. Ob ich diese Schriften gesehen hätte, wollte sie wissen.

„Ja, aber ich bekam kurz darauf einen seltsamen Besuch."

„Was für einen Besuch?"

„Ein Mann in Trenchcoat und mit Schlapphut. Er stellte viele Fragen. Nur das Wort ‚Trolle' hat er gewissenhaft gemieden. Sehr oft steht jetzt ein dunkler BMW vor meiner Wohnung. Die ganze Nacht. Getönte Scheiben und so. Das volle Programm."

Und auch hier: Frau Gustav bleibt ganz ernst. Und ich bleibe ganz ernst. Ein besseres Training für die Mundmuskulatur kann man sich kaum vorstellen.

Einmal machte ich einen Fehler. Ich erzählte ihr, dass Trolle keine Kinder mögen und angeblich schon einmal eines aufgegessen hätten.

„Dann sind mir diese Trolle nicht mehr so sympathisch", antwortete Frau Gustav.

Ich ruderte zurück und erzählte ihr, dass man das verstehen müsse. In grauer Vorzeit habe es ein übles Massaker an Tausenden von Trollen gegeben. Durch Kinderhand! Seit jener Zeit ist das so, dass Kinder den Trollen nicht gerade geheuer sind. Dann stutzte ich, ging zum Kühlschrank und öffnete ihn.

„Oh Gott. Keine Angst", sagte ich in den Kühlschrank hinein. „Keine Angst. Es sind keine Kinder hier. Wir haben nur so geredet." Dann schloss ich den Kühlschrank wieder, wandte mich zu Frau Gustav. „Ein Troll, ganz verängstigt in der hintersten Ecke. Er hat unser Gespräch über Kinder mitbekommen."

„Und sich in meinem Kühlschrank versteckt", ergänzte Frau Gustav.

An meine Haut lasse ich nur Wasser und CD

Der Wasserbedarf betrug 1991 in Deutschland 47,9 Milliarden Kubikmeter.
BUNDESAMT FÜR STATISTIK

Kleine punktförmige Pickel, die sich am Rücken bis zum Gesäß ausbreiteten. So jedenfalls informierte mich eine Kollegin. Sie hatte diesen Ausschlag bei der Körperpflege von Frau Gustav festgestellt. Ein juckender Hautausschlag bei einer alten Frau, die sich selten wäscht? Das erschien mir nicht besonders bemerkenswert und ich gebe zu, mehr als die Information zu registrieren, fiel mir nicht ein.

Meine Kollegin blieb hartnäckig und meinte, dass der Ausschlag nicht besser würde und Frau Gustav der Juckreiz lästig wäre. Das war ein Argument. Also ließ ich meinen Chef einen Blick auf den Rücken von Frau Gustav werfen.

„Vielleicht eine Allergie", meinte er, und ob ich wüsste, welches Waschmittel für die Bettwäsche verwendet würde. Ich wusste es, weil die Wäsche bei uns gewaschen wurde. Also ein antiallergisches Waschmittel. Die Sache schien erledigt.

Schien erledigt. Denn es wurde nicht besser, es wurde schlimmer. Die Pickel entzündeten sich, wurden größer, fraßen kleine Löcher in die Haut. Und Frau Gustav kratzte die Löcher fleißig tiefer. Wir haben es in der häuslichen Pflege öfter mit der kleinen Zoologie zu tun. Läuse, Motten, Fruchtfliegen und manchmal kleine Tierchen, deren Art von der Biologie noch gar nicht bestimmt worden ist. Also war ein Gang zum Hausarzt angesagt.

Dieser stellte eine disseminierte Streptokokken-Entzündung der Haut fest, verordnete eine Cortisonlotion und ein

Antibiotika-Gel für die lokalen, entzündeten Stellen. Disseminiert. Das klingt schon professionell. Heißt aber einfach nur: verteilt. Und Streptokokken, das sind kleine, gewundene Körnchen (so auch die Übersetzung aus dem Griechischen), etwa einen Mikrometer groß, und im Allgemeinen natürliche Mitbewohner des Menschen. Sie sind ganz nützlich, denn sie bringen Milchsäure zum Gären.

Cortison und Antibiotika. Wir schmierten fleißig. Mein Verdacht war ja von Anfang an, dass Wasser die beste Lösung gewesen wäre. Denn Frau Gustav gehörte nicht zu der reinlichsten Gattung Mensch. Sie behauptete zwar, sie würde sich täglich duschen, aber sie tat es nicht. Und wenn wir einmal die Woche einen Duschtag einlegten, dann benötigte meine Kollegin all ihre Erfahrung, ihre Überredungskunst und war am Ende doch nicht immer erfolgreich.

Da wir inzwischen schon recht ratlos waren, wie wir sie dazu bringen könnten, besser mitzumachen, befestigten wir einen großen Zettel an der Schrankwand. Gut sichtbar und groß und deutlich geschrieben: „Mittwoch ist Badetag. Frau Henschen hilft Ihnen. Wegen der Sturzgefahr." Wir hofften, dass das regelmäßige Lesen dieser Information die Akzeptanz erhöhen würde. Aber schon nach wenigen Tagen war der Zettel vollgeschrieben. „Wie wäre es im Dante-Bad?", stand zum Beispiel drauf, oder „selten so gelacht", viele Fragezeichen und Kringel. Frau Gustav hatte fleißig gearbeitet.

Das Badezimmer von Frau Gustav bildete zusätzlich eine – geradezu symbolische – Barriere. Es war relativ klein, düster und mit Kosmetikartikeln aus dem vorigen Jahrhundert zugestellt. Die funktionsuntüchtige Waschmaschine verstellte zur Hälfte den Zugang zur Badewanne. Der Badewannenrand war auch noch erhöht und ging Frau Gustav bis zur Hüfte. Es war halt eine Altbauwohnung. Frau Gustav war sehr stolz auf die Badewanne und erzählte gerne, dass sie sie selbst gekauft hatte. Ich glaube, auf dem Flohmarkt. Denn das meiste, was Frau Gustav besitzt, kommt vom Flohmarkt. Dort hat sie den Großteil ihrer Zeit als Rentnerin verbracht.

Wenn man bei Frau Gustav aufräumte, hatte man am nächsten Tag den Eindruck, all der Unrat sei über Nacht wieder zurückgekehrt, habe sich heimlich aus der Mülltonne geschlichen und wieder in der Wohnung verteilt. Es war uns allen ein Rätsel. Frau Gustav ging nicht mehr alleine aus der Wohnung. Flohmärkte besuchte sie nur noch in ihrer Erinnerung. Sie konnte es nicht gewesen sein. Es war daher naheliegend, sich kleine Wichtel vorzustellen, die geschäftig die Wohnung von Frau Gustav zustellten.

Jedenfalls war es schwierig, Frau Gustavs Wohnung und sie selbst sauber zu halten. Frau Gustav reinigte sich manchmal selbst. Dazu nahm sie einen alten Putzlumpen, der zuvor für die Bodenreinigung benutzt worden war, und wischte sich das Gesicht, oder sie nahm alte Papiertaschentücher, die sie zuvor in der Unterhose gehabt hatte, um sich damit die Nase zu putzen und die Hände daran abzureiben. Verstehen Sie mich jetzt bitte nicht falsch. Frau Gustav ist eine ganz liebe Frau. Sie strahlt eine herzerfrischende Lebendigkeit aus, wirkt mit ihren 84 Jahren angenehm unterhaltsam. Aber wie das so ist mit älteren Menschen, die nicht langweilig sind: Sie können eben auch sehr anstrengend sein.

Wir schmierten also fleißig den Rücken von Frau Gustav und hofften auf eine Besserung. Leider vergeblich. Die Therapie schlug nicht an.

„Wald- und Wiesendiagnose“, meinte mein Chef und schlug vor, einen Fachmann, einen Dermatologen, aufzusuchen. Das taten wir auch. Obgleich: Ich war immer noch der Ansicht, dass Wasser, dass regelmäßiges Duschen, dass Hygiene das Mittel der Wahl gewesen wäre. Natürlich konnten wir nun wieder irgendwelche Salben und Pasten auf den Rücken von Frau Gustav auftragen, aber man wäscht sich nun mal mit Wasser und nicht mit Salbe. „Das Beste ist Wasser", dichtete schon der alte Pindar in den *Olympischen Oden*.

Prurigo simplex subacuta lautete die Diagnose des Hautarztes. Juckende, einfache unterschwellige Entzündung. „Simplex ratio veritatis", sagte schon Cicero. Aber Cicero redete immer so. Denn er war Römer. Der Dermatologe war dies – meines Wissens zumindest – nicht. Jedenfalls verschrieb er eine antifungizide Salbe (gegen Pilzinfektion), ein Antiallergikum (gegen den Juckreiz) und noch ein Antibiotikum. Also eine Creme mehr als der Hausarzt. Damit war der Dermatologe eindeutig Erster. Tod den Pilzen! Tod den Bakterien! Und Tod der Überreaktion darauf! Um es mal pathetisch zu formulieren.

Als ich die Krankheit, deren Namen ich vorher noch nie gehört hatte, googelte, war ich doch überrascht. Die Krankheit, eine sogenannte Dermatose, befällt – hieß es in dem Internet-Artikel – vor allem junge Frauen und die Ätiologie ist unbekannt, wird aber mit Diabetes, Lebererkrankungen und sogar Krebs in Zusammenhang gebracht, tritt auch bei Schwangerschaften und Menstruationsbeschwerden auf. Die zusätzlichen Bilder in dem Artikel überzeugten mich, denn sie sahen aus wie der Rücken von Frau Gustav.

Da Frau Gustav aber dem Altersschema nicht mehr ganz entsprach und eine Schwangerschaft nun wirklich ausgeschlossen war, wurde ich stutzig. Auch eine alte Diagnose fiel mir ein. Frau Gustav hat einen Knoten im Nacken, der aber nach einer Röntgenuntersuchung als lokal und wohl gutartig angesehen wurde. Dennoch war ich etwas beunruhigt. Also rief ich den Hausarzt an. Die Arzthelferin verstand erst nicht, was ich wollte.

„Pruritus? Das ist doch nur Juckreiz", sagte sie und ließ deutlich durchblicken, dass sie mich für hysterisch hielt.

Ich sei dennoch irritiert, meinte ich, wollte mich aber nicht unnötig über meine Hobbydiagnose auslassen. Dennoch teilte ich ihr mit, dass ich mich kundig gemacht hätte.

„Sie haben das gegoogelt", sagte sie spöttisch.

Ich antwortete darauf nicht, blieb nur bei meiner Forderung nach einem Gesprächstermin mit dem Hausarzt. In einem fast beleidigten Tonfall erfüllte sie schließlich meine Bitte.

Nun. Das ist ja auch verständlich. Was hieße es schon, bei einer 84-jährigen Frau eine systemische Krankheit festzustellen. Hier war Doktor Thanatos, der Sohn von Nacht und Finsternis, schon längst mit seiner radikaleren Therapie beschäftigt. Von Thanatos, der so nette Geschwister hat wie Rache (Nemesis), Zwietracht (Eris) und Betrug (Apate), heißt es, er habe „ein eisernes Herz und ehernen, erbarmungslosen Sinn". Also ein interessanter Typ mit ein paar charakterlichen Einschränkungen. Verständlich, dass man ihm ungern begegnet. Er hat noch einen lieben Bruder, Hypnos, den Schlaf, der „friedlich und freundlich zu den Menschen" sein soll. Beide leben am gleichen Ort, nämlich dort, wo Atlas auf seinen Schultern das Himmelsgewölbe trägt. Und jetzt verstehe ich, warum viele unserer Träume so wirr sind. Wäre ich der Schlaf und hätte Geschwister wie Rache, Zwietracht, Betrug und den Tod, Gott im Himmel, das wäre echt beschissen.

Zurück zu meinen Versuchen als Hobbydiagnostiker: Als junger Krankenpfleger im klinischen Betrieb war ich ehrgeizig und wissbegierig. Ich las alle möglichen Bücher über

Medizin, kreuz und quer, und ich stellte eifrig meine Diagnosen. Mal hatte ich recht, mal hatte ich nicht recht. Aber egal, ob ich recht hatte oder nicht, man nahm mich sowieso nicht ernst. Ich war Krankenpfleger und kein Arzt. Mein Bücherwissen war eben nur Bücherwissen. Ich hatte kein Labor, keinen Röntgenapparat, keine Ausbildung darin, Befunde exakt lesen zu können. Mit der Zeit stumpfte ich dann ab und tat, was man als Krankenpfleger tut. Die vermeintlichen Fehldiagnosen der Ärzte hinnehmen und die vermeintlichen Fehltherapien der Ärzte durchführen. Mit der Zeit wurde ich auch Diplomat und lernte, meine Beobachtungen am Patienten so zu formulieren, dass der Arzt das Gefühl hatte, selbst draufgekommen zu sein. Denn das mögen die Ärzte nicht: wenn ihnen ein Untergebener oder gar der Patient die Diagnose liefert. Verständlich, denn das ist ja ihr Job, dafür haben sie jahrelang studiert.

Ich konnte die Arzthelferin also durchaus verstehen. Was sollte ein Gespräch zwischen dem Hausarzt und mir noch bringen? Was sollte man denn machen? Der Hausarzt war außerdem vielleicht beleidigt, weil wir einen Spezialisten aufgesucht hatten, der ihn auch noch eindeutig in den Schatten stellte, ein klarer Sieger in der Disziplin „Wer verschreibt am meisten".

Aber er war nicht beleidigt, das Gespräch verlief völlig entspannt. Ein großes Blutbild zur Differenzialdiagnose wurde angeordnet und meine kritischen Gedanken platzten wie Seifenblasen. Nach zwei Wochen intensiver Behandlung heilte die Haut von Frau Gustav vollständig ab. Das Blutbild ergab keine Auffälligkeiten. Alle Werte normal.

Vorurteile – auch die eigenen – verstellen den Blick auf die Menschen, auf das, was sie wollen und können. Der Ursprung allen Seins ist Sternenstaub. Da sind wir alle gleich. Und auch alle gleichermaßen faszinierend. Was so esoterisch klingt, würde jeder Astrophysiker bestätigen. Mich begeistert die Vorstellung, von ganz weit herzukommen. Vielleicht sogar aus einer Galaxie, die wir noch gar nicht entdeckt haben. Aber das Eisen in meinem Blut kommt von dort.

Frau Gustav war sofort begeistert von dieser Vorstellung. Wenn man nicht mit ihr redet, sagt sie immer die gleichen Sätze, es sind nicht viel mehr als drei oder vier. Aber wenn man mit ihr redet, dann erwacht Frau Gustav. Ihre Augen leuchten und ihre Neugierde ist die eines kleinen Mädchens. Sie stellt Fragen, denkt mit.

„Ich stelle mir vor, wie diese Sterne im All explodieren", sagte sie, „und dann erwächst daraus Leben." Sie sagte es mit der Souveränität eines Astrophysikers, als hätte sie ihr Leben lang nichts anderes gemacht, als Sternenstaub zu analysieren. Über eine Stunde konnte ich mich mit ihr über das Universum und die Entstehung des Lebens unterhalten. Mit einer Frau, die sonst nur drei Sätze zur Verfügung hat.

Wir philosophierten uns auf den Schwingen des Pegasus durch die Weiten des Universums. Was macht es da schon, wenn sie sich mal nicht gewaschen hat?

Und mit ihrem sympathischen Hausarzt könnte man bestimmt auch mal ein Bierchen trinken gehen.

„Die Welt ist nicht in Systeme geordnet, sondern sie zerfällt in Systeme, die alle ihre eigene Umwelt haben." Und jedes dieser Systeme möchte nur eines: Die Fortsetzung dieses Systems sichern. Wenn uns der Kopf mit Paradigmen und Vorurteilen zugestellt ist, dann werden wir immer nur uns selber sehen können. Schade eigentlich um die schöne Welt.

Herr Hadlek

Der pauperophobe Non-Responder

Herr Hadlek ist 70 Jahre alt. Er sieht nicht aus wie 70. Das sagen auch die Kollegen. Vielleicht würde man ihn für 60 halten. Herr Hadlek ist etwa 1,80 Meter groß und wiegt 56 Kilogramm. Er ist schwer depressiv. Er war Lehrer, studierte einmal Physik. Seine Eigentumswohnung ist zwar schon recht schmutzig und vernachlässigt, aber stilvoll eingerichtet. Ungewöhnlich künstlerisch. Schöne Steine, Sedimente, an der Wand kunstvoll gestaltete Baumrinde. Auch Geige hat er einmal gespielt.

„Bach?", fragte ich ihn, weil ich dachte, der Schwermut und der Formvollendung eines Johann Sebastian Bach könnte ein Physiker nicht widerstehen.

„Mozart", antwortete mir Herr Hadlek jedoch, was mich überraschte.

Ich riet ihm, wieder öfter Mozart zu hören, das täte ihm sicher gut.

Herr Hadlek antwortete darauf nicht. Er starrte nur auf den Boden, nestelte mit den Fingern und sein rechtes Bein zappelte. Im Wohnzimmer lagen noch viele leere Medikamentenschachteln: Quilonium, Zyprexa, Citalopram. Herr Hadlek leidet unter einer sogenannten Pauperophobie, auf Deutsch Verarmungswahn.

„Der Pauperophobe lebt in der ständigen Angst, dass der Preis für Frühstücksbrötchen über Nacht soweit steigen könnte, dass er sich eines Tages keines mehr leisten können wird." So heißt es über den Verarmungswahn auf einer Internetseite, die sich in Anspielung auf Wikipedia „Uncyclopedia" nennt.

Das Amüsante daran ist, dass es im Falle von Herrn Hadlek sogar zutrifft. Er kommt montags in meine Aktivierungsgruppe. Dort frühstücken wir zusammen und machen anschließend einen Ausflug. Immerhin, das schafft er ab und zu. Aber er fühlt sich gleichzeitig doch irgendwie von mir gezwungen. Und so sagte er eines Tages zu mir, dass er sich die Gruppe nicht leisten könne. „Eine Semmel kostet da ja 29 Euro, das ist doch Wahnsinn, das kann ich mir nicht leisten, so viel habe ich nicht, da habe ich bald nichts mehr." Er sprach leise und atmete schnell, seine Zungenspitze kam immer wieder heraus, wie bei einer Echse.

In gewisser Weise hat er recht, denn das ist der Preis für die Gruppenteilnahme. Und aus seiner Sicht kostet ihn das Frühstück so viel Geld. Aber Herr Hadlek hat eine gute Pension – er war Lehrer – und er hat seine Eigentumswohnung. Es kann ihm gar nichts passieren.

„Naja", antwortete ich ihm, „dazu kommt die Gruppe, die Betreuung durch drei Personen, das Frühstück wird Ihnen eingekauft, serviert und Kaffee dazu gekocht, anschließend machen wir auch einen Ausflug, also drei Stunden Programm. Herr Hadlek. Darum kostet das 29 Euro." Und er solle, rate ich ihm – schließlich wiegt er nur 56 Kilo und kann's vertragen – eben eine zweite Semmel essen, dann würde er sich noch mal 30 Cent sparen.

Aber Herr Hadlek sah mich fragend an. Er trippelte mit den Beinen, streckte die Zunge aus dem Mund, atmete kurz und heftig und flüsterte dann „Nein".

„Sie haben doch Ersparnisse. Wie viel?" fragte ich ihn.

„Das sage ich Ihnen nicht."

„Das verstehe ich schon. Aber es dürfte schon ausreichen, oder? Außerdem prüft der MDK und dann bekommen Sie das Ganze von der Pflegekasse zurück."

„Ich bekomme nichts von der Pflegekasse. Ich kann mir das nicht leisten. Ich stürze alle ins Unglück."

Einmal habe ich ihn zu seinem Psychiater begleitet. Eine hölzerne Treppe, die relativ steil nach oben führt, ein offener Bereich als Warteraum, alles sieht einfach nicht nach einer Arztpraxis aus, der Boden ist aus Holz und knarrt, kein klassischer Empfangsbereich, wie man ihn kennt.

Der Arzt selbst, leger, in Jeans. „Kommen Sie", sagt er und sieht mich an.

Ich bin unsicher, weil ich auch keine Lust habe, am Arztgespräch teilzunehmen. Meine Erinnerungen an Psychiater sind – sagen wir mal vorsichtig – sehr ambivalent. „Eigentlich bringe ich Herrn Hadlek nur," – kurze Pause – „wegen der Nebenwirkungen …", und ich deute kurz auf Herrn Hadlek. Der trippelt heftig und streckt immer wieder die Zunge heraus, tut mir also den Gefallen, die heftigen Nebenwirkungen zu bestätigen.

Der Arzt, Dr. Zupf, sieht mich kurz an und sagt dann in beinahe heftigem Tonfall: „Das ist kein psychiatrischer Kunstfehler! Wir haben die Medikamente abgesetzt, weil Herr Hadlek ein ‚Non-Responder' ist!" Das Wort „Non-Responder" betont Dr. Zupf dabei besonders, breitet ein wenig theatralisch die Arme aus.

Unsinn, denke ich noch, weil die Nebenwirkungen doch von den Medikamenten kommen. Dyskinesie. Die Psychopharmaka haben das Kleinhirn atomisiert.

„Aber kommen Sie, kommen Sie", sagt Dr. Zupf und winkt heftig, da wir immer noch im Gang stehen. Also folge ich den beiden in das Praxiszimmer. Das Zimmer wirkt hell, Holzmöbel, Holzboden, Holzkopf. Dr. Zupf nimmt hinter seinem Holzschreibtisch Platz, Herr Hadlek und ich setzen uns vor den Schreibtisch auf unsere Holzstühle.

„Ich bin", dabei holt sich Dr. Zupf eine Zigarette aus der Packung und klopft kurz damit auf den Schreibtisch, steckt sie sich in den Mund und zündet sie an, „homöopathischer Psychiater."

Ich nicke.

Noch einmal betont er, dass Herr Hadlek ein Non-Responder sei, und dies kein Kunstfehler.

Ich nicke und sage, dass ich ja auch niemanden kritisieren wollte.

„Darum geht es nicht", blafft Dr. Zupf. Es klingt aggressiv, so als wollte ich ihn von vorneherein angreifen, als sei meine bloße Erscheinung ein Angriff auf seine Person. Dann fragt er kurz und knapp, was wir (also der Pflegedienst, für den ich arbeite) genau machen. Ich erkläre es ihm.

„Herr Hadlek ist nicht dement", blafft Dr. Zupf.

„Ich weiß", antworte ich ihm und so ergibt es sich, dass er von mir erfährt, dass ich viele Jahre in einer Klinik für Psychiatrie gearbeitet habe.

Dr. Zupf kennt die Klinik und fragt im Kommandoton: „Auf welcher Station?"

„Auf der C3, Geschlossene", antworte ich.

„Wann?"

„Ach", antworte ich im Plauderton (den ich bewusst gegen den Kommandoton zu setzen versuche), „das ist schon 'ne Weile her, in den 90ern."

„Wer war da Stationsarzt?"

Eine schwierige Frage, da ich in den sieben Jahren, die ich da gearbeitet habe, eine Menge Ärzte habe kommen und gehen sehen. „Dr. Nagel", antworte ich schließlich. Denn das war der Erste von allen. Und ich weiß noch, wie er gekündigt hat, da saß er mit einem Gummiball im Stationszimmer, grinsend. Als der Oberarzt erschien, ein großer, dicker und Autorität ausstrahlender Mann, da ließ der schmale Dr. Nagel einfach nur grinsend seinen Gummiball auf dem Boden hüpfen. Er hatte ja eben gekündigt, und der große dicke Oberarzt war ihm schnuppe, konnte ihm nichts mehr anhaben.

„Hans Nagel?“, fragt der Homöopath und zieht an seiner Zigarette.

Ich nicke unsicher. Was gehen mich die Vornamen der Stationsärzte an. Und so will ich gerade ansetzen und noch ein paar weitere Ärztenamen nennen, um weiteres Vertrauen zu stiften, als Dr. Zupf mich unterbricht.

„Sind Sie zufrieden mit ihm?“, kreischt er geradezu und schaut jetzt den bislang schweigenden, trippelnden Herrn Hadlek an.

„Nein“, sagt dieser schnell.

„Und warum nicht?“

„Weil ich mit mir nicht zufrieden bin“, antwortet Herr Hadlek.

„Sehen Sie, keine Chance“, sagt nun Dr. Zupf wieder zu mir.

In diesem Sinne entferne ich mich aus der Arztpraxis. Die ganze Zeit über habe ich mich mehr als unwohl gefühlt. Ich hatte meinen Columbo-Regenmantel an. Ich war nicht der, der ich bin.

Ich klopfe Herrn Hadlek noch kurz auf die Schulter „Sie finden ja alleine nach Hause“, sage ich zu ihm. Aber ich sage es mehr für den Psychiater, um klarzustellen, dass ich weiß, dass Herr Hadlek nicht dement ist. Was für ein Arschloch, denke ich die ganze Zeit.

Es regnet irisch. So, als würde irgendwo einer duschen und das Spritzwasser füllte die Luft. Ich knöpfe meinen Columbo-Regenmantel zu. Ich gehe die Pettenkofer Straße entlang und denke ohne die geringste Wehmut an meine sieben Jahre in der Psychiatrie. Was für ein Scheißhaufen, produziert von Riesenarschlöchern! Ich bin wahrscheinlich einfach nur ungerecht. Aber man kann nicht immer korrekt denken. Nur: Wenn man aufschreibt, was man denkt, sollte man auch ehrlich sein, sonst macht es keinen Sinn, das aufzuschreiben, was man denkt.

Leider hatte Dr. Zupf recht. Wenige Wochen später stellte Herr Hadlek das Essen vollständig ein. Er musste mit der Polizei in eine Klinik gebracht werden.

Frau Assmann

Und was haben Sie eigentlich gelernt?

Glen: Why do you kill?
Chucky: Umm ... hobby, I guess.
DIALOG AUS DEM FILM *CHUCKY – DIE MÖRDERPUPPE*

Vor wenigen Tagen hatten wir mit der rechtlichen Betreuerin von Frau Assmann ausgemacht: Wenn sie nicht öffnet, dann müssen wir die Wohnung selbst aufschließen. Wir besuchten sie zu zweit, hatten zuvor von der Hausverwaltung den Schlüssel bekommen. Seit einigen Wochen schon hatten wir versucht, nach ihr zu sehen, aber sie öffnete nie.

Wir gingen davon aus, dass es besser wäre, zu zweit zu sein, falls Frau Assmann auch heute nicht öffnete und wir mit dem Schlüssel reingehen müssten. Zu unserer Überraschung machte sie jedoch auf, als wir klingelten. Sie empfing uns freundlich. In der Wohnung roch es extrem nach Urin. Dies war auch der Hauptgrund für unseren Besuch. Es hatte immer häufiger Beschwerden von anderen Hausbewohnern gegeben. Eine Frau war sogar deshalb nach wenigen Wochen wieder ausgezogen. Der penetrante Ammoniak-Geruch drang in die anderen Mietwohnungen vor.

Frau Assmann bat uns hereinzukommen und uns zu setzen. Wir machten es eher widerstrebend, da wir vermuten mussten, dass die Stühle kontaminiert waren. Im Gespräch versuchten wir, sie davon zu überzeugen, dass es doch gut für sie wäre, wenn ab und zu der Pflegedienst bei ihr vorbeikommen und ihr etwas zur Hand gehen würde, einkaufen, im Haushalt helfen.

Sie brauche keine Hilfe, sagte Frau Assmann. Sie käme sehr gut zurecht.

„Und wer wäscht Ihre Wäsche?“, fragte ich sie.

„Da kommt regelmäßig wer, der holt die Wäsche und bringt sie wieder. Das klappt alles wunderbar.“

Auf meine Nachfrage, wer das denn sei, gab sie mir keine Antwort.

Mitbewohner hätten sich beschwert, meinte Karoline, die Kollegin, die mich begleitete.

„Worüber?“, fragte Frau Assmann gereizt, „bei mir ist alles sauber.“

„Über den Geruch“, antwortete Karoline.

„Bei mir stinkt's?“, Frau Assmann klang nun ziemlich empört. Die Möbel, der Boden, die Wände – der penetrante Geruch hatte sich bereits in die Wohnung reingefressen. Das Verb „stinken“ war eigentlich fast schon zu harmlos. Noch an der Bushaltestelle hatte ich später den Geruch in der Nase und das Gefühl, er klebe an meinen Kleidern.

Ich bat sie, uns ihr Schlafzimmer zu zeigen, was sie überraschenderweise ohne Widerspruch tat. Das Fenster war geöffnet (es waren die kältesten Tage im Februar) und der Raum ausgekühlt, dennoch roch es intensiv, das Bettlaken war nass, die Bettdecke ebenfalls. Als ich sie darauf ansprach und ihr anbot, das Bett frisch zu beziehen, lehnte sie ab. Das sei doch alles in Ordnung, meinte sie. Ich widersprach ihr, aber es gelang uns nur gegen ihren Protest und weil wir zu zweit waren, das Bett zumindest notdürftig trockenzulegen. Immer wieder riss uns Frau Assmann die frische Bettwäsche aus der Hand und breitete die nasse, alte Bettwäsche erneut auf das nasse Bett.

Nach längerem Hin und Her einigten wir uns schließlich mit Frau Assmann, dass sie uns in Zukunft die Türe öffnet und dass wir ihr TENA Lady mitbringen würden, damit sie die Inkontinenzeinlage mal ausprobiert.

Sie würde sich dann sicher auch wohler fühlen, es sei doch wirklich nicht so angenehm, in *so* (ich machte eine verständnisheischende Geste) einem nassen Bett zu schlafen.

Dann verließen wir die Wohnung und sie winkte uns hinterher. Wir hatten ein ganz gutes Gefühl, dass es nun ein wenig vorwärtsgehen würde.

Schließlich hatte Frau Assmann uns sogar ihr Wohnzimmer gezeigt, den einzigen Raum in der Wohnung, in dem es nicht so stark roch. Wie eine Insel, ein heiliger Ort. Aber er wirkte tot. Unbewohnt. Blaue Sesselgarnitur mit Seidenstoff, eine lange weiße Theke, sehr weiß, mit ausgesuchten Accessoires bevölkert, einer Glasschüssel mit teuer aussehenden Perlen, einer chinesischen Partnerschaftsfigur (eine Figur fehlte). In dem Raum stand auch ein Fernseher, den sie aber nicht mehr nutzte. Dennoch war der Raum relativ staubfrei, was darauf hindeutete, dass sie diesen „heiligen Raum" regelmäßig putzte. Frau Assmann selbst passte da nicht so recht ins Bild, man sah, dass sie sich nicht mehr wusch, die Kleider nicht wechselte, lange, schmutzige Fingernägel, die Haare struppig, die Wangen jedoch mit Rouge bemalt, was auf dem eher blassen Gesicht grotesk wirkte.

„Jetzt weiß ich wieder, an wen sie mich erinnert", meinte Karoline später, „an Chucky, die Mörderpuppe." Das war eine Horrorfigur aus einem B-Movie-Streifen Ende der 1980er Jahre, der zum Kultfilm avancierte. Ich sah mir die Bilder im Internet an und musste zugeben, dass Karoline das ganz gut getroffen hatte.

Zwei Tage nach unserem Besuch hatte ich meinen ersten Einsatz bei Frau Assmann. Diesmal öffnete sie die Tür nicht. Also sperrte ich die Wohnung mit dem Schlüssel auf. An der Wohnungstür klopfte ich noch einmal, bevor ich eintrat, alles war dunkel, kein Laut zu hören. Ich vermutete, sie sei nicht zu Hause.

„Frau Assmann?", rief ich. Keine Antwort. Ich klopfte an der Schlafzimmertür, die sich links vom Gang befand.

„Frau Assmann", rief ich erneut. Keine Antwort. Ich öffnete die Schlafzimmertür. Leer, das Fenster wie vor zwei Tagen geöffnet, der Raum ausgekühlt. Es gab gerade einen Schneesturm und die nassen Flocken wehten ins Zimmer. Das Bettlaken war wieder nass vom Urin. Ich ging zur Küche. Die Küchentür war geschlossen, durch das obere Halbfenster konnte man nicht durchsehen, es war milchig, nur so viel, dass in der Küche kein Licht brannte. Ich klopfte.

„Frau Assmann?!" rief ich. Keine Antwort. Stille. Vorsichtig öffnete ich die Küchentür. Der Raum war tatsächlich dunkel, sogar die Vorhänge zugezogen und mit dem Rücken zur Tür saß *Chucky, die Mörderpuppe*, ohne sich zu rühren, schweigend. Ich sah nur die wie explodiert aussehenden gelben, strohigen Haare von jemandem, der mir den Rücken zukehrte. In jedem Fall eine menschliche Gestalt.

„Frau Assmann", sagte ich laut, ohne mich von der Küchentür wegzubewegen, ich hatte nur einen Fuß in die Küche gestellt, stand also im Türrahmen. Aber ich bekam keine Antwort. Die Gestalt rührte sich nicht. Wie erstarrt saß sie auf dem Stuhl vor dem Küchentisch, den Rücken mir zugewandt.

„Frau Assmann?!", wiederholte ich noch etwas lauter, setzte den zweiten Fuß in die Küche. Ganz plötzlich fuhr die Gestalt herum.

„Ja!!!", brüllte sie in die Dunkelheit. Ich erschrak und setzte einen Fuß wieder zurück.

„Hallo", sagte ich eingeschüchtert, blieb im Türrahmen stehen.

Die Gestalt stand langsam auf. Es war Frau Assmann.

„Grüß Gott, Frau Assmann."

Frau Assmann neigte den Kopf etwas nach vorne und sah mich fragend an, schien mich nicht zu erkennen.

„Ich bin Herr Konrad", sagte ich, „ich war doch vorgestern bei Ihnen zu Besuch. Erinnern Sie sich?"

„Was?!", brüllte Frau Assmann und machte einen Schritt auf mich zu. Sie hielt sich ein Handtuch vor die Scham. Sie trug keine Hose, auch keine Unterhose, ihr Oberteil, eine weiße Bluse, sah aus, als wäre es nass.

„Wie geht es Ihnen?", fragte ich.

„Und was wollen Sie?", fragte Frau Assmann mich in einem scharfen Tonfall.

„Nach dem Rechten schauen", sagte ich. Ich sei doch vorgestern schon mal hier gewesen, ob sie sich erinnern könne, und da hätten wir doch ausgemacht, dass sie uns die Tür aufmachen würde.

„Kommt ihr jetzt jeden Tag?", sagte sie. Der Tonfall war noch scharf, aber nicht mehr so scharf wie zuvor. Und dann war es, als würde ein Schalter umgelegt, und sie lächelte mich an. Vielmehr setzte sie ihr charmantes *Chucky-die-Mörderpuppe-Lächeln* auf.

„Ja", sagte sie, „ihr seid ja alle ganz nett. Sie sind ja ein Netter." An ihrer unteren Zahnreihe waren nur noch die Schneidezähne vorhanden. Eck- und Backenzähne fehlten. Das machte ihr Lächeln besonders anziehend. Wir seien ja alle sehr nett, wiederholte sie, lächelte, aber sie brauche niemanden, sie komme schon zurecht.

Ich bot ihr dennoch meine Hilfe an. Aber sie lehnte wieder ab. Ich zeigte ihr eine Windelhose, bot ihr an, ihr beim Reinschlüpfen zu helfen, aber sie lehnte das ebenfalls ab.

„Legen's das wieder hin. Ich weiß schon. Ich mach das schon selber", sagte Frau Assmann. Und dabei sah sie die Windelhose an, als hätte ich ihr eine tote Ratte vor das Gesicht gehalten. Mit schmeichelnden Worten drängte sie mich in den Gang Richtung Wohnungstür, dabei hielt sie sich unentwegt das Handtuch vor die Scham.

Ich ging in das Schlafzimmer.

„Das Fenster können Sie ruhig zumachen", sagte Frau Assmann. Auf der Fensterablage hatten sich bereits Schneepfützen gebildet. Es war kalt im Raum. Nun öffnete ich den Kleiderschrank.

„Soll ich Ihnen was zum Anziehen herrichten?", fragte ich sie.

Das mache sie schon selber, sie habe siebenundachtzig BHs, sechsundvierzig Unterhosen und einhundertvierundsechzig Pullover, zählte sie akribisch auf, da würde sich schon was zum Anziehen finden. Dann drängte sie mich aus dem Schlafzimmer.

„Sie sind ja ganz nett", sagte sie, „wie alt sind Sie?"

„Siebenundvierzig", antwortete ich.

„Und was haben Sie eigentlich gelernt?" Sie konnte sich nicht vorstellen, dass man so *etwas* beruflich machen konnte. Sie lächelte mich an. Aber jetzt wäre es auch gut, ich solle keinen Stress machen.

Ich bat sie noch, mir zu versprechen, dass sie sich etwas Frisches anziehe, was sie mir halbherzig zusicherte. Als ich die Wohnung verließ, blickte sie mir noch länger durch den Türspalt nach, als wollte sie sichergehen, dass ich auch wirklich verschwände.

Der Schneesturm war inzwischen heftiger geworden. Den Bus hatte ich verpasst. Ich ging – gegen den heftigen Wind und den Schnee ankämpfend – die fünfzehn Minuten zur U-Bahn zu Fuß. Der eisige Schnee klatschte mir ins Gesicht und erfrischte mich irgendwie. Es war, als würde auch mein Kopfinneres gekühlt werden durch Schnee und Wind.

Warum bin ich hier?

Ich stand mit Frau Assmann im Badezimmer, das – überraschenderweise – der am wenigsten nach Urin riechende Raum war.

„Mei, du, hilf mir doch", sagte sie und drückte meine Hand. „Hilf mir halt, es soll dein Schaden nicht sein. Wenn ich mal tot bin", fügte sie hinzu, machte dazu große Augen, „wenn ich mal tot bin, da wirst du Augen machen."

Ich wiegelte ab, meinte, dass ich ihr einfach so helfe, unabhängig von irgendwelchen testamentarischen Vermächtnissen.

Frau Assmann machte kein Geheimnis aus ihrem Vermögen. Sie habe von ihrer Schwester eine große Summe Geld geerbt, das sagte sie jedem, der es hören wollte oder nicht: „Ich denk schon an dich." Damit wollte sie sagen, sei lieb zu mir, mach, was ich sage und was ich will, dann bekommst du auch was ab. Ihr Nachbar Manfred kaufte für sie ein. Ich selbst hatte ihn noch gar nicht gesehen, wusste nur, dass er für sie Geld von der Bank abholte und einkaufte. Manfred kam dabei sicher nicht zu kurz.

„Was verdienst du jetzt da?", duzte sie mich. Das „Du" war bei ihr schnell zur Hand.

„Vierzehnhundert", sagte ich.

„Das is ned viel", sagte sie, „bar auf die Hand?"

Ich bestätigte, netto, und präzisierte, auf die Bank, und meinte, dass ich ja nicht viel bräuchte. Ich sei genügsam und käme gut über die Runden.

„Ich habe ja mal einige Scotch für den Martin gekauft", sagte sie plötzlich. „Der is auch schon tot. Fünfhundert Mark. Die sind nicht billig."

Ich dachte, dass fünfhundert Mark für eine Flasche Scotch (so hatte ich sie ja verstanden) nicht schlecht sei, eine Flasche Whiskey für 500 Mäuse! Da hatte sie jemand wahrscheinlich übers Ohr gehauen.

„Welche Pullovergröße hast du?“, unterbrach sie meine Gedanken.

„X-Large“, sagte ich nach längerer Überlegung.

„Large?“, sagte sie, nickte, schob meine Jacke zur Seite und griff mir an den Bauch. „Darf ich mal“, sagte sie und schätzte nun mit fachmännischem Blick meinen Bauchumfang.

„Scotch“, so verstand ich es erneut – mit Pullovermarken kenne ich mich nicht aus –, „in der Ludwigspassage“, sie machte eine rhetorische Pause, „die Firma gibt's auch schon lang nicht mehr.“

Wie den Martin, dachte ich.

„Das sind wirklich gute Pullover, grau, grau-schwarz“, sagte sie, und sie würde mal nachschauen und dann bekäme ich einen.

Es ist wohl einfach diese Generation. Einerseits von der Nachkriegszeit geprägt, da wird nichts weggeworfen und sei es noch so verdorben, andererseits von dem schlichten kapitalistischen Leitbild durchdrungen, dass einfach jeder käuflich ist. Tief im Inneren war ihr klar, dass kaum jemand freiwillig eine alte Frau in einer „verpissten“ Wohnung besuchen und ihr auch noch helfen wollte. Das tat man nur gegen Geld oder adäquate Sachleistungen. Sollte ich das Pullover-Geschenk so interpretieren?

Ich ließ ihr Angebot jedenfalls unkommentiert und argumentierte stattdessen mit der Wulff-Affäre und der Gefahr der Vorteilsnahme.

„Das kriegt doch niemand mit, so ein Quatsch." Damit war mein kurzer, schamhafter Einwand gescheitert.

Jetzt wäre eine moralphilosophische Diskussion vonnöten gewesen. Denn es geht ja nicht darum, ob es jemand mitbekommt oder nicht, denn Gesetze macht man schließlich nicht, damit nur die bestraft werden, die sich erwischen lassen, sondern um ein Miteinander zu ermöglichen. Ein Regelwerk wurde geschaffen, das uns Menschen zur moralischen und ethischen Orientierung dient. Diesen schwierigen Diskurs allerdings ersparte ich mir und ihr und ließ, wie gesagt, ihr zweifelhaftes Bestechungsangebot unkommentiert, in der Hoffnung, sie würde es vergessen.

Sie vergaß es nicht. Nur zwei Tage später musste ich sie noch einmal besuchen, weil ein Herr Schlauch zu ihr kam und die Matratze abmessen wollte. Sie sollte eine neue Matratze bekommen, eine weniger gelbe.

„Setz dich doch, du blöder …", sagte sie und bot mir auf ihre charmante Art einen Platz in der Küche an.

Ich nickte, suchte eine Unterlage, auf die ich mich ungefährdet setzen konnte. Währenddessen verließ Frau Assmann trällernd (wirklich Trallalala singend) die Küche. Mit den Pullovern kam sie wieder. Ich verspürte nun doch eine leichte Verzweiflung. Frau Assmann breitete gut gelaunt die Pullover auf dem Küchentisch aus. Fachmännisch pries sie die Qualität des Stoffes, strich sanft mit der Hand über die flauschige Baumwolle. Es waren wirklich hochwertig aussehende Pullover mit V-Ausschnitt.

Sie nickte wie bestätigend und legte die Pullover wieder ordentlich zusammen.

„Brauchst eine Tüte?", fragte sie mich fürsorglich.

Ich lehnte ab, ich ruderte. Und mir blieb nichts anderes übrig, als auf Zeit zu spielen. Ich hätte heute eine schwere Tasche und ich würde sie morgen abholen. Dass ich morgen gar nicht kommen würde, das verschwieg ich. Ich hoffte einfach, dass sie es vergessen würde. Aber sie hatte ihr Angebot mit den Pullovern vor zwei Tagen gemacht und es auch nicht vergessen. Im Gegenteil, sie hatte es sich, zielstrebig geradezu, gemerkt.

„Bist du verheiratet?", fragte sie mich plötzlich.

Ich nickte. Ich hielt es für ratsam, verheiratet zu sein. Auch einen Sohn dachte ich mir aus, und eine ganze Vita für meine Frau. Frau Assmann war entzückt. „Mei", sagte sie und strahlte, „verheiratet ist er, und wie alt ist dein Sohn?"

„Neunzehn", sagte ich. Ich dachte mir, so alt könnte mein Sohn sein, wenn ich einen hätte. Und er sei schon größer als ich, ritt ich weiter auf meiner Kanonenkugel.

Sie erzählte mir daraufhin, dass ihr Vater 190 Zentimeter groß gewesen sei, meinte, dass ich bestimmt ein guter Soldat wäre (bei meiner Größe), akzeptierte aber meinen Einwand, ein Brillenträger sei kein guter Soldat.

„Stimmt", sagte sie, „mit Brille ist man nicht tauglich." Sie schien das zu bedauern.

„Dann kann ja deine Frau auch so einen Pullover haben. Die kann sich den bestimmt nicht leisten", sagte sie dann.

Das wiederum konnte ich nicht abstreiten. „Aber die werden an meiner Frau etwas schlottern", sagte ich, „sie ist sehr zierlich." War doch klar, dass ich mir eine zierliche Ehefrau erfand.

Ein Glück, dass es nun klingelte und endlich Herr Schlauch kam, um die Matratze zu vermessen. Er ging zielstrebig auf Frau Assmann zu und streckte ihr die Hand entgegen.

„Warum bin ich hier?". Mit diesen Worten begrüßte er Frau Assmann.

Sie sah ihn mit großen Augen an und stotterte etwas herum, sah dann mich fragend an.

Auch mich hatte die Frage überrascht. Herr Schlauch machte keinen verwirrten Eindruck, er war etwa Mitte 30, trug ein Ringelshirt und eine Baseballkappe sowie einen Ohrring. Aber er wirkte nicht verwirrt.

Ich brauchte ein paar Zehntelsekunden – die können überraschend lange dauern –, um zu begreifen, warum Herr Schlauch diese Frage an Frau Assmann gestellt hatte. Es ging ihm nicht um Philosophie. Die Frage „Warum bin ich hier?" ist ja berühmt. Man kann sie sich täglich stellen und wird täglich an ihr scheitern. Seine Frage war ein etwas ungeschickter Explorationsversuch von Frau Assmanns Intellekt. Die richtige Antwort wäre somit keine Theodizee gewesen, also eine Erklärung, warum Gott all das Leiden zulässt, es wäre auch keine mathematisch-logische Antwort gewesen, denn Herrn Schlauch ging es nicht um eine Lösung des Universalienstreits, auch nicht um eine evolutionsbiologische Exkursion. Nein. Die richtige Antwort hätte gelautet: Weil Sie die Matratze vermessen möchten.

Ich habe die Dimensionen seiner Frage mit Herrn Ringelshirt natürlich nicht erörtert. Ich war bloß froh, dass er mich aus meinem Pullover-Dilemma erlöst hatte. Und ich drängte darauf, mit ihm die Wohnung von Frau Assmann zu verlassen. Ich hatte aber nicht mit der erstaunlichen Hartnäckigkeit der alten Dame gerechnet.

„Morgen holst du dann die Pullover, gell", sagte sie noch in meinen Rücken im Hausflur.

Morgen also werde ich die Pullover holen. Klar. Sie lachen, Sie sagen: Der Mann hat Probleme. Aber in einer Zeit, wo Bobby-Car-Geschenke Karrieren vernichten, wollte ich da wegen ein paar Pullover die meine versauen? Und wenn sie auch nur eine Vierzehnhunderteurokarriere war? Warum bin ich hier? Diese Frage ist so unglaublich intelligent. Respekt. Eigentlich egal, in welchem Kontext man sie stellt. Ich weiß nicht, ob Sie mich verstehen. Das raffinierte Spiel zwischen Frau Assmann und mir stand doch in keinem Verhältnis zu dieser Frage. Und das raffinierte, komplizierte Leben steht auch in keinem Verhältnis zu dieser – meiner Meinung nach – plumpen philosophischen Frage.

Es war wieder kalt geworden. Zwar schien die Sonne, aber eine Mütze und ein Schal waren angeraten – und ein warmer Pullover. Die Bäume waren noch ganz nackt. Aber irgendwie, auf eine geheimnisvolle, fast schon latent erotische Art, kündigten sie an, dass sie sich bald schmücken, dass sie bald explosionsartig ergrünen würden. Ein immer wieder, selbst in der Großstadt, atemberaubendes Wunder der Natur. Zuversicht flößte einem so etwas ein. Zumindest wenn man, wie ich, ständig von Winter umgeben ist.

Ich bin noch nicht ganz blöd

Ein Fremdbild ist ein Bild, das sich andere über eine Person machen, beziehungsweise das Bild, das sich diese Person über andere macht.
Praxis der Gruppendynamik

Bedenkt man alles Bisherige, dann müsste man sagen, dass Frau Assmann zumindest im mittleren Bereich dement war. Insofern wartete ich auch recht entspannt auf den anstehenden Besuch des MDK. Es war ja bei Frau Assmann schon olfaktorisch eine Pflegestufe zu erahnen.

Frau Bense war eine sportliche Frau, Anfang 40, recht sympathisch stellte sie sich gleich auf die Mundart von Frau Assmann ein. Sie zeigte keine Berührungsängste und plauderte gelassen mit ihr. Das – immerhin – war doch schon mal erfreulich. Frau Assmanns Kommentar, wir (sie meinte mich und Frau Bense) gäben ein hübsches Paar ab, überhörte sie unauffällig.

Frau Bense setzte sich an den Küchentisch (ich blieb lieber stehen), klappte ihren Laptop auf und begann, noch immer im Plauderton, ihre klassischen Fragen zu stellen. Aktuelles Jahr, Jahreszeit, genaues Datum, Wochentag, Uhrzeit. Frau Assmann antwortete und war in allen Belangen orientiert, sie zeigte Einsicht in die Gesamtsituation, konnte gut einschätzen, warum Frau Bense überhaupt gekommen war.

Ich war verblüfft. Ziemlich verblüfft. So kann man sich doch täuschen. Dezent wies ich Frau Bense noch auf den Uringeruch hin, was natürlich lächerlich war. Frau Bense müsste schon unter einer Anosmie leiden, wovon nicht auszugehen war.

Frau Assmann beantwortete auch alle weiteren Fragen korrekt, sie wusste, wo sie wohnte, wie alt sie war, sie konnte sich von drei Dingen über mehr als zehn Minuten immerhin zwei merken, und sie konnte sogar recht komplizierte geometrische Figuren einwandfrei nachzeichnen.

Frau Bense bat Frau Assmann nun, sie solle einen Satz aufschreiben, und schob ihr dazu ein weißes Blatt hin.

„Was für einen Satz?“

„Irgendeinen.“

Frau Assmann sah mich an, als erhoffte sie sich von mir den nötigen Satz.

„Nicht vorsagen lassen“, meinte Frau Bense.

„Schreiben Sie, was Sie wollen“, bestärkte ich Frau Assmann.

Und dann setzte sie an zu schreiben, zügig, gerade und mit sauberem Schriftbild stand auf dem leeren Blatt dann der Satz: Ich bin noch nicht ganz blöd. Teilweise in altem Sütterlin. So ähnlich war noch das Schriftbild meines Vaters gewesen.

Es war nun klar für mich: Aus einer Pflegestufe würde wohl nichts werden, Uringeruch hin, Uringeruch her.

Schließlich fiel mir noch was anderes ein.

„Das mit dem Geld“, fragte ich Frau Assmann, „klappt das noch“?

Und so dass es Frau Assmann nicht mitbekam, steckte ich Frau Bense, dass wir beobachtet hatten, dass Frau Assmann 20-Euro-Scheine nicht von 50-Euro-Scheinen unterscheiden konnte. Als Frau Assmann schließlich von Reichsmark sprach, hatte ich zumindest das Gefühl, ein bisschen Demenz herausgekitzelt zu haben. Aber eigentlich war es da kein Zeichen einer Demenz, eher war Frau Assmann gerade dabei gewesen, sich zu erinnern. Sie hatte uns alte Fotos gezeigt und hatte einfach nicht schnell genug umgeschaltet. Die heutige Zeit ist ja sogar mir manchmal zu schnell. Und nicht selten hinke ich in Diskussionen thematisch hinterher.

Frau Bense verabschiedete sich. Sie hatte wirklich eine sportliche Figur und wirkte mit ihrem Pagenschnitt und dem seidigen, braunen Haar recht attraktiv. Auch ihr Lächeln und ihre unprätentiöse Art konnte sie als Pluspunkte verbuchen. Als sie weg war, meinte selbst Frau Assmann, dass sie eine sympathische Frau gewesen sei. Ich aber war von Frau Assmann beeindruckt und sah sie jetzt wirklich mit anderen Augen an.

Ich erinnerte mich an einen kurzen Text, den ich neulich geschrieben hatte. Dort sinnierte ich darüber, dass das Bild, das ich von mir selbst habe, nie auch nur ansatzweise deckungsgleich ist mit dem Bild, das andere von mir haben. Letztlich entspreche ich diesem Bild der anderen, das sie von mir haben, nur um den Preis der Selbstverleugnung. Manche Menschen gehen so weit in ihrer Sehnsucht nach dem Du, dass sie sich bis zur Neurose selbst verneinen, nur um anerkannt zu werden. Aber anders herum ist das Bild, das ich von den anderen habe, genauso wenig deckungsgleich mit dem Bild, das sie von sich selbst haben. Eine Mauer wurde zwischen uns gezogen.

Und eben hatte Frau Assmann ein kleines Stück aus dieser Mauer herausgebrochen.

Als ich ihr ein paar Tage später ein Stück Kuchen mitbrachte, war ihr Kommentar: „Und da soll's ma jetzt ned grausen?"

Der Kuchen sei von Zöttl, sagte ich, weil ich der Meinung war, der Zöttl sei eine gute Bäckerei.

„Kenn i ned", sagte sie und warf die Verpackung sehr beiläufig auf den Tisch.

Sie zeigte mir ein paar verzierte Zinnbecher, die wie Pokale auf dem seitlichen Küchenschrank thronten. „Den hier hab ich vom Ministerpräsidenten geschenkt bekommen", sagte sie, und sie sagte es ohne Stolz, eher so, als lache sie innerlich über diese Art Geschenke oder über den Schenker. „Der Streibl", sagte sie, „a scho tot."

„Amigo-Affäre", sagte ich, „erinnere mich."

„Und der", Frau Assmann ging nicht darauf ein, was ich sagte, „der ist noch von meinem Vater. Da ist ja auch noch einer seiner Orden." Dann ging ein Strahlen über ihr Gesicht. Sie sah mich an.

„Du wärst auch ein guter Soldat geworden", sagte sie und meinte, dass ihr Vater mich sofort rekrutiert hätte.

Dass ich tatsächlich verweigert habe, das verschwieg ich in dieser Situation besser. Wir hatten ja schon einmal über meine Eignung geredet. Wegen meiner Brille wäre ich ja leider nicht tauglich gewesen. Jetzt fand sie aber, dass das gar keine so große Einschränkung gewesen wäre.

„Beim Militär gibt's auch welche mit Brille", sagte sie. Dann überlegte sie kurz, sah mich von der Seite an. „Du bist groß, du bist schlank. Du schaust gut aus. Du wärst ein gutaussehender Soldat geworden."

„Mei", sagte sie dann, „du müsstest halt von vorn anfangen, als einfacher Soldat und dich hocharbeiten." Sie neigte den Kopf, machte große Augen und sagte in verschwörerischem Tonfall: „Da kommt schon noch ein Zerwürfnis, wirst schon sehen, dann können die solche wie dich auch noch brauchen."

Ob ich das wollte, wusste ich allerdings nicht so recht. Als ich ihr dann erzählen wollte, dass ich im Nebenberuf was mit Literatur arbeite, unterbrach sie mich: „Natur?"

„Literatur", verbesserte ich sie.

„Nalatur?"

Ich gab es auf. Sie wollte nicht.

So ist das mit dem Bild vom anderen. Und warum sollte ihr Bild von mir stimmen, wenn meines von ihr auch nicht stimmte? Was wussten wir zwei schon voneinander und würde uns dieses Wissen überhaupt weiterhelfen? War es nicht klüger, lebensklüger, ihr Bild von mir stehen zu lassen?

Wie weit sollte ich aber für sie den Soldaten spielen? Eine Rolle vorspielen, um besseren Zugang zu ihr zu bekommen, um sie dann besser „versorgen" zu können? Halten Sie mich von mir aus für naiv. Ich spielte die Rolle des potenziellen Soldaten mit, nicht weil ich irgendwelche Vorteile erhoffte. Ich spielte sie einfach so, aus Empathie, mit. Ich hielt es auch für sinnlos, mit ihr eine pazifistische Diskussion zu führen. 86 Jahre war Frau Assmann alt. Mochte ihre Vorstellung vom edlen Soldaten auch falsch sein, ich konnte sie ihr gewiss nicht mehr nehmen.

Etwas später erzählte sie mir noch die Geschichte von drei jungen Burschen, die im Krieg beim Marsch zurück in die Heimat von Russland bis nach Regensburg gekommen waren. „Die Russen haben ihnen die ganze Zeit nichts getan, von Russland bis Regensburg sind sie gekommen. Die Russen haben sie in Ruhe gelassen. Und dann sind sie in Regensburg, treffen auf die Amerikaner! Bum, bum, bum. Alle drei tot."

So läuft das, hätte Kurt Vonnegut gesagt.

„Scheiß Amerikaner", sagte Frau Assmann. „Die sind so primitiv, diese Amerikaner. Die leben doch noch auf den Bäumen!"

Und tiefer Hass blitzte aus ihren Augen.

Was sollte ich da sagen? Die haben uns schließlich von den Nazis befreit? Wo hätte ich anfangen sollen? Was wusste Frau

Assmann von Thomas Pynchon oder David Foster Wallace oder eben Kurt Vonnegut? Was wusste ich von ihren Erlebnissen, tief unten in ihrer Geschichte? Was wissen wir voneinander? Was sollen wir voneinander wissen? Was dürfen wir überhaupt voneinander wissen?

Ein leichter Wind kam mir entgegen, blies mir durchs Haar. Noch immer war die Natur erstarrt. Außer den Krokussen war noch nicht viel zu sehen. Aber der Wind wird das ändern. Und wenn das Alte weggeblasen ist, dann steht schon das Neue bereit und weiß nichts mehr vom Alten.

Frau Schaller

Die Rolle der Medien

Man irret nicht deswegen, weil der Verstand die Begriffe reglos verknüpfet, sondern, weil man dasjenige Merkmal, was man in einem Dinge nicht wahrnimmt, auch von ihm verneinet, und urteilt, daß dasjenige nicht sei, wessen man sich in einem Dinge nicht bewußt ist.

Immanuel Kant, Untersuchung über die Deutlichkeit der Grundsätze der natürlichen Theologie und der Moral, dritte Betrachtung, § 1, A 87

Die Zaundorfs waren alte Freunde von Frau Schaller, vom Schwimmverein. Und über Ostern gab es ein mehrtägiges Seniorenturnier. Da hätten sie Frau Schaller gerne mitgenommen. So viel hatte ich verstanden, als Herr Zaundorf meinte, er sei schwerhörig und gebe mir jetzt seine Frau. Dann gab es ein kurzes Rauschen in der Leitung und eine Stimme meldete sich.

„Frau Zaundorf?"

„Hallo?"

„Hallo, hier ist Herr Konrad."

„Wer?"

„Herr Konrad", ich buchstabierte ihr meinen Namen, „Ich habe gerade mit ihrem Mann gesprochen. Wegen Frau Schaller."

Am Ende einigten wir uns drei mühsam darauf, dass wir alles besser vor Ort mit Frau Schaller persönlich besprechen sollten. Das Telefongespräch dauerte recht lange, da ich immer wieder wiederholen musste, worum es mir ging. Herr Zaundorf war ja schwerhörig – und Frau Zaundorf verstand mich „menschlich" irgendwie nicht.

Ich wollte einfach nicht, dass eine demente Frau mit mächtigen Einschränkungen in ihrer Orientierung mit irgendjemandem, den ich nicht kannte, für mehrere Tage irgendwohin fährt. Auch wenn ich gemischte Gefühle dabei hatte. Einerseits war ja die Freiheit ein hohes Gut. Und juristisch hatte ich ohnehin keine Handhabe. Andererseits war ich als Bezugspfleger von Frau Schaller für sie mitverantwortlich. Um mit Immanuel Kant zu sprechen: Wie weit reicht die Freiheit des Menschen? Bis zur Freiheit des anderen.

Frau Schaller hatte keinen gesetzlichen Vertreter, es gab nur eine Vollmacht. Die hatte der Neffe von Frau Schaller. Rein rechtlich hätten also weder er noch ich den Zaundorfs irgendwas vorschreiben können. Wenn Frau Schaller mitfährt, fährt sie eben mit und Punkt. Das war klar. Dass ich dabei kein gutes Gefühl hatte, war aber ebenfalls klar. Da ich den Namen Zaundorf nie zuvor gehört hatte, musste ich nachfragen. Ich fühlte mich verantwortlich für Frau Schaller, ob das nun im BGB stand oder nicht.

Sie musste täglich Medikamente nehmen, würde sie aber vergessen, wenn man sie nicht daran erinnerte. Wir hatten ihr auch irgendwann das Auto „weggenommen“, weil sie es oft nicht mehr fand. Sie hatte es irgendwo geparkt und wusste nicht mehr wo. Gott sei Dank konnten wir diese Entscheidung dem Neffen in die Schuhe schieben. Das hat ihm nicht gerade Liebe eingebracht. Noch heute sagt Frau Schaller, wenn die Rede auf ihn kommt: „Der hat mir das Auto weggenommen.“ Aber es war halt notwendig. Auf den Straßen geht’s eh schon so zu.

Dann hatte sie mit dem Fahrrad einen folgenschweren Unfall gehabt, bei dem sie sich den Oberschenkel brach. „Ich warte drauf, dass man mir mein Fahrrad auch noch wegnimmt", war dann lange ihr zynischer Kommentar dazu. Ihren Unfall hatte sie schnell vergessen. „Krankenhaus? Wann war ich im Krankenhaus? Daran kann ich mich nicht erinnern." Aber daran, dass ihr Neffe das Auto verkauft hatte, daran schon. Und sie fuhr weiter mit dem Fahrrad und wir schwitzten Blut und Wasser.

Jetzt saß ich bei Frau Schaller im Wohnzimmer. Von draußen schien die Sonne durch die großen Fenster ihrer Eigentumswohnung mitten in Grünwald. Die Wohnung war sauber, helle Möbel und auf den Glastisch hatte sie eine Schale mit Obst hingestellt. Obst, das sie nicht hätte, würden wir nicht für sie einkaufen.

Frau Schaller war wütend, weil man sich mal wieder zu sehr in ihr Leben einmischte. „Ich mach noch alles selber. Ich brauche keine Hilfe."

Auf der Couch neben ihr saß Herr Zaundorf. Er erinnerte mich an meinen Onkel. Das machte ihn mir leider nicht sympathischer. Er verströmte den Geruch von altem Mehl, was manche ältere Menschen einfach an sich haben. Vermutlich war es irgendwas Hormonelles, das die Fauna und Flora auf der Haut veränderte und diesen Geruch verursachte. Er verstehe das auch nicht, vor einem halben Jahr sei alles noch in Ordnung gewesen, Frau Schaller sei doch ganz gut beisammen, sagte er nun.

Quod erat demonstrandum – ich fragte Frau Schaller nach dem aktuellen Datum, Jahr, Monat.

Sie konnte mir keine Antwort geben. „Weiß ich jetzt nicht", sagte sie kurz angebunden. Sie wolle jetzt auch erfahren, warum wir hier sitzen würden. Sie käme sich ja entmündigt vor. „Ich mach noch alles selber."

Herr Zaundorf nickte heftig.

„Und wo kaufen Sie ein?", fragte ich scheinheilig.

„Solange ich mein Fahrrad habe, geht das wunderbar", antwortete Frau Schaller ungerührt. Genau genommen bewunderte ich Frau Schaller dafür. Ihre Maskerade war eine Meisterleistung der menschlichen Psyche, um Kränkungen von sich fernzuhalten. Das Problem dabei ist, dass die Indizien manchmal erdrückend sind und man quasi um den Preis der Schizophrenie die Fakten leugnet.

Schließlich holte ich meine stärkste Waffe heraus: Die schriftliche Bestätigung ihrer Fahruntauglichkeit. Ich musste das tun, weil Herr Zaundorf auch wiederholt den Neffen angegriffen hatte und meinte, dieser würde sich auch zu sehr einmischen, und weil Herr Zaundorf sehr misstrauisch alles beobachtete und registrierte, was ich tat und sagte.

Herr Zaundorf reagierte darauf mit einem längeren Vortrag. Man höre ja so einiges in den Medien, er selbst werde nun auch 79, es müsse einem ja Angst und Bange werden, wie mit alten Menschen umgegangen würde, Frau Schaller schlüge ihn immer noch beim Schwimmen, er verstehe das Ganze nicht. „Was soll das hier eigentlich alles?" Die Bescheinigung der Fahruntauglichkeit ignorierte er.

Meine stärkste Waffe hatte sich als Rohrkrepierer entpuppt.

Das mit dem erhöhten Blutdruck von Frau Schaller könne er verstehen, weil er selbst darunter leide. Aber auch da: geballtes Halbwissen. „Sie messen doch regelmäßig bei Frau Schaller", fragte er mich, „was ist denn der Druck im Schnitt?"

Ich versuchte ihm zu erklären, dass der Schnitt weniger eine Rolle spiele, vielmehr seien die akuten Blutdruckspitzen wichtig. Mehrfach von ihm unterbrochen, musste ich Herrn Zaundorf regelrecht über den Mund fahren, und dies auch sehr laut, seine Schwerhörigkeit berücksichtigend.

Derweil wurde Frau Schaller immer unruhiger. Es schien ihr sichtlich Mühe zu bereiten, dem Gespräch überhaupt zu folgen. Und – ehrlich gesagt – wusste ich teilweise selber gar nicht mehr, worum es eigentlich ging. Herrn Zaundorf beweisen, dass Frau Schaller dement ist? Wozu? Der Anlass unseres Gesprächs war komplett untergegangen.

Herr Zaundorf bemerkte Frau Schallers Unruhe nicht.

Da ich sehr laut reden musste und auch immer wieder wiederholen musste, was ich sagte, weil Herr Zaundorf mich akustisch nicht verstand und weil Frau Schaller schnell wieder vergessen hatte, was ich zuvor gesagt hatte, herrschte allgemein eine so große Unruhe, dass Frau Schallers Nervosität einfach unterging. Ich kannte Frau Schaller schon lange genug. Ich kannte sie eben als Demente. Das ist einfach ein Unterschied. Herr Zaundorf kannte eine andere Frau Schaller – wenn man so will. Und das begriff ich wiederum nicht.

Schließlich sagte Herr Zaundorf zu mir: „Sie bringen mich da in eine unangenehme Lage."

Jetzt appellierte ich: an seine langjährige Freundschaft zu Frau Schaller, an seine Verantwortung, an die neue Situation durch die Erkrankung. Ich war wirklich der Verzweiflung nahe. Ich hatte noch seinen Satz über die Medien in den Ohren und der hatte mir ein schlechtes Gewissen gemacht. Ich hatte auch eines, ganz real, einfach, weil ich auch nicht so richtig verstand, was ich da tat. Die Situation war verfahren und einfach ärgerlich. Mühsam und schwierig. Ein moralisches Patt.

Ich beteuerte, dass ich ihn keineswegs kompromittieren wolle mit dem Gespräch, sondern dass es mir um sein Verständnis ginge und ich sehr dafür sei, dass Frau Schaller, „selbstverständlich", weiter Kontakt zu ihm und zu ihren Schwimmfreunden habe.

Als ich die Wohnung von Frau Schaller verließ, die beiden zurückließ, war ich deutlich erschöpft, glaubte zwar, dass ich mein Bestes gegeben hatte, aber wohl fühlte ich mich nicht.

Mehrfach hatte mich dieses Gespräch dazu gezwungen, Frau Schaller ihre Schwächen, ihre Erkrankung vor Augen zu führen, und das war mir letztlich kontraproduktiv erschienen. Wenn jemand etwas nicht wissen will, dann nutzt es auch nichts, ihm die Fakten auf den Tisch zu knallen. Das verhärtet nur die Fronten. Wie oft haben wir es an uns selbst erlebt? Und was ist schon die Wahrheit? Die Fakten? Seit Immanuel Kant und seiner speziellen Metaphysik hat sich unser Verhältnis zu dem, was „wirklich" ist, sehr verändert.

Der Science-Fiction Autor Philip K. Dick gab in einem herrlichen Essay mit dem Titel *Wie man eine Welt erbaut, die nicht nach zwei Tagen wieder auseinanderfällt*, eine hübsche Antwort auf die Frage, was die Wirklichkeit ist. Eine Studentin der Philosophie hatte sich von ihm, dem berühmten Autor des Romans *Do Androids Dream of Electric Sheep?*, eine einfache und klare Antwort auf diese Frage gewünscht.

„Die Wirklichkeit ist das, was übrigbleibt, wenn man aufgehört hat, daran zu glauben."

Ein – wie ich finde – unglaublicher Satz. Einerseits ist er Aufklärung im besten kantischen Sinn: Unser Erkenntnisapparat, das Gehirn, hat ein paar Probleme damit, die Wirklichkeit zu erkennen – wegen unserer Leichtgläubigkeit. Andererseits ist es ein geradezu mystischer Satz, denn er sagt auch, dass Wirklichkeit – oder zumindest schließt der Satz es nicht aus – verschwindet, wenn auch der Glaube weg ist. Glaube ist alles. Dick hatte viel Humor und genügend Verstand, seinen Lesern richtig gemeine Rätsel aufzutischen.

Der gemeinsame Ausflug kam nicht zustande. Und von Ehepaar Zaundorf habe ich seither nichts mehr gehört. Das ist besonders tragisch, weil ich ja gar nicht verhindern wollte, dass die Reise stattfindet. Ich wollte die Reise nur sicherer machen. Das hatte ich wohl falsch angepackt.

Frau Schaller? Sie ballte zum Abschied die Fäuste: „Jetzt weiß ich, warum sich Menschen das Leben nehmen." Sie ist dazu jedoch nicht in der Lage. Sie schließt Selbstmord auch für sich selbst aus. Und ist verzweifelt.

Allein der Gedanke, sich selbst zu töten, kann etwas Beruhigendes an sich haben. Im schlimmsten Fall beende ich alles. Ich entscheide – und kann so der fortschreitenden Erkrankung noch ein Fünkchen selbstbestimmtes Handeln entgegenhalten. Ein paar Kanonen im Handgepäck. Der Tod ist dann weniger erschreckend als der Verlauf der Demenz.

Die Sonne schien, milchig. Ich musste lange auf die Straßenbahn warten und konnte (musste) mir meine Gedanken machen. Gott, war ich unzufrieden. Mit mir, mit der Welt und letztlich auch mit der Rolle der Medien. Mit entsprechender Verachtung betrachtete ich die Zeitungsständer. Ich hatte ja Zeit, sie anzustarren, weil die Straßenbahn nicht kam. Steht das in der Zeitung? Wird sowas berichtet? Ich schüttelte den Kopf. Und bitte, wenn Sie mal jemanden sehen, der alleine irgendwo sitzt und den Kopf schüttelt: Urteilen Sie nicht vorschnell. Sie wissen nicht, was er gerade erlebt hat.

Wir alle warten. Auf was?[4]

Vor verschlossener Haustür stehen, läuten, einen Schritt zurücktreten und gucken, ob sich was tut. Es tut sich nix. Wieder läuten, warten, in die Stille lauschen. Eigentlich war das nichts Ungewöhnliches. Auch bei Herrn Bauer stand ich oft vor verschlossener Tür. Oder bei Frau Duman, einer fast 90-jährigen ehemaligen Unternehmerin, ziemlich schwerhörig. Frau Duman hätte übrigens bei ihrer Strategie bleiben sollen, nicht zu öffnen. Einmal wurde sie von einem Teppichhändler ausgeraubt. Dem hatte sie die Tür aufgemacht. Frau Schaller allerdings hatte bisher immer geöffnet. Sie war recht zuverlässig, auch keine Streunerin, also meist wirklich zu Hause, und so hatte ich auch keinen Ersatzschlüssel dabei. Ich machte mir Sorgen.

Nachdem ich gute zehn Minuten vor verschlossener Tür gestanden hatte – was wirklich lange dauern kann –, kramte ich aus meiner Tasche meine Telefonliste heraus. Ich hatte Frau Schallers Nummer nicht in meinem Mobiltelefon eingespeichert.

Was Thomas Mann in seinem Exkurs über den Zeitsinn im *Zauberberg* nicht erwähnt hat, ist das Phänomen Spannung. Er schreibt lediglich, dass ein „reicher Gehalt" den Tag verkürzen könne, aber da oben in dem luftigen Sanatorium war die Welt noch nicht so durchgetaktet wie heute. Es war kurz nach zehn Uhr Vormittag. In etwa einer halben Stunde sollte ein Mitarbeiter des MDK hier auftauchen, um Frau Schallers Versicherungsansprüche zu prüfen. Und ausgerechnet an einem Tag mit so einem Termin, machte Frau Schaller nicht auf. Glauben Sie mir! Man bekommt das Gefühl, die machen das absicht-

4 Zitat aus der US-amerikanischen Fernsehserie *Emergency Room*

lich. Ist natürlich Quatsch. Aber moderner Zeitdruck und die persönlichen Vorstellungen von der Ordnung der Dinge korrespondieren eher selten mit der Demenz.

Endlich hatte ich also Frau Schallers Nummer parat und tippte sie in mein Mobiltelefon ein. Beim ersten Versuch schaltete sich beim vierten Läuten automatisch das Faxgerät von Frau Schaller ein. Völliger Unfug! Seit ich Frau Schaller kenne, ist da noch nie ein Fax gekommen. Zweiter Versuch. Gleiches Ergebnis. Blick auf die Uhr, Nervosität, leichter, grummelnder Ärger durchmischt mit Sorge. Dritter Versuch. Endlich! Treffer.

„Frau Schaller? Geht es Ihnen gut? Können Sie mir aufmachen?"

Sie antwortete, schleppend sprechend, es ginge ihr gut, sie sei nur sehr müde, ihre Stimme wirkte sehr gedrückt, sie stöhnte die Worte aus. Also ging es ihr nicht gut. Ironie ist ja laut Lehrbuch, wenn man das Gegenteil sagt von dem, was man meint. Aber Frau Schaller ging es nicht um Ironie. Sie wollte wie viele kranke Menschen kein Mitleid. Denn Mitleid verstärkt nur die Scham über die eigene Schwäche.

Dann hörte ich den Türsummer.

Als ich im zweiten Stock ankam, stand die Wohnungstür offen. Ich ging hinein, langsam. „Frau Schaller?"

Es kam keine Antwort.

Ich ging durch den Flur, sah die Wohnzimmertüre offen und ging hinein.

Frau Schaller lag angezogen auf der Couch. Ihr sei nur etwas schwindlig, sagte sie mit dieser schleppenden, belegten Stimme. Als ich nachfragte, meinte sie, ihr sei auch leicht übel. Ich kniete mich neben die Couch und fühlte ihren Puls. Mehr eine Geste. Denn wie hätte ich den Puls beeinflussen können?

„Ist Ihnen schon länger schwindlig", fragte ich.

„Ich weiß nicht“, antwortete sie, „ist schon gut. Mir fehlt nichts. Ich muss nur etwas schlafen.“

Frau Schaller war ihr Leben lang sehr sportlich. Und vermutlich würde sie mich immer noch locker abhängen, wenn wir um die Wette schwimmen würden. Dass ihrem durchtrainierten Körper etwas fehlen könnte, stand nicht so richtig auf meinem Zettel.

Ich sah auf die Uhr, während ich ihren Puls fühlte. Aber ich zählte gar nicht mit, sondern dachte an den MDK-Termin.

Frau Schaller hatte ihre Augen geschlossen.

„Sind Sie noch da?“, fragte ich.

Frau Schaller öffnete langsam die Augen, verzog ihren Mund zu einem gequälten Lächeln und versuchte nun, sich aufzurichten.

„Bleiben Sie ruhig liegen“, sagte ich, „ich rufe besser einen Arzt.“

„Nein, wozu, das ist nicht nötig, ich muss nur schlafen, dann wird es wieder gut. Nur schlafen, dann wird es wieder gut.“

Ich tastete noch mal ihren Puls. Der fühlte sich normal an, vielleicht etwas hart. Frau Schallers Gesicht war blass.

Ich holte mein Mobiltelefon hervor und wählte die Notrufnummer.

Das sei kein Grund für den Notarzt, hörte ich an der anderen Leitung. Junger Mann mit klassischer Call-Center-Stimme. Zwei Aufgaben haben diese Stimmen: vollquatschen, bis man das Angebot kauft, oder weiterverbinden. „Ich verbinde Sie mit dem ärztlichen Notdienst.“ Eine Melodie erklang, die im Ohr weh tat.

Inzwischen war Frau Schaller von der Couch aufgestanden, wankte.

„Legen Sie sich bitte wieder hin“, sagte ich, „der Arzt kommt gleich.“

„Wieso kommt der Arzt?“, fragte sie zurück, sie brauche keinen Arzt, müsse nur etwas schlafen. Dann wankte sie an mir vorbei.

Ich ging ihr hinterher, noch das Telefon in der Hand. Frau Schaller torkelte zur Toilette.

„KVB Einsatzzentrale, guten Morgen.“

„Hallo?“

„Hallo? Wer spricht?“

Währenddessen kniete sich Frau Schaller vor die Toilette und fing an, sich würgend zu übergeben.

Ich bräuchte einen Notarzt, sagte ich, das Mobiltelefon zwischen Schulter und Ohr, um die Hände frei zu haben. Ich stützte die sich würgende Frau Schaller.

„Um was geht es denn?“, fragte mich der Mann an der anderen Seite der Leitung, in gemütlichem bayrischen Akzent.

Frau Schaller würgte. Es kam aber nur etwas Spucke. Der Magen war wohl ziemlich leer. Menschen, die vergessen, vergessen auch zu essen. Ihr Hungergefühl führt sie nicht automatisch zum Kühlschrank. Dafür mag man sie ja geradezu beneiden, wenn man selbst seine Fressattacken nicht unter Kontrolle hat. Aber wenn man das Essen zu oft vergisst und quälender Hunger einen verrückt macht, weil man einfach nicht mehr in der Lage ist, ihn zu stillen, dann bedankt man sich lieber für seine Fressattacken.

Ich erklärte dem Mann die Situation, soweit ich sie selbst verstand. Er würde schauen, dass ein Bereitschaftsarzt käme, sagte er. Das könne aber ein oder zwei Stunden dauern. Ich sagte, dass ich dafür jetzt nicht gerade die Zeit hätte. Schweigen. Ich konnte fast das Schulterzucken an der anderen Seite der Leitung hören. Frau Schaller richtete sich langsam auf, ich half ihr dabei, mit dem Telefon zwischen Schulter und Ohr.

„Es geht schon“, sagte sie. „ich brauche keinen Arzt“, sagte sie und torkelte mit mir am Arm wieder zum Wohnzimmer.

„Die Frau verliert das Bewusstsein“, rief ich nun ins Telefon. Das war ja eine Lüge! Eine 500-Euro-Lüge, wenn man so will. Denn das kostet ein Notarzteinsatz allemal.

Ich führte Frau Schaller wieder zur Couch.

Sie legte sich nieder, jetzt in Embryostellung, schloss die Augen. „Es geht schon, ich muss nur etwas schlafen.“

Auf der anderen Seite der Welt, sprich Leitung, ein Stöhnen. „Wir schicken einen Notarzt. Sind Sie sicher?“

„Sicher!“, sagte ich, während Frau Schaller nun stöhnte und so etwas wie „keinen Arzt“ brummelte.

Wir warteten. Ich sah auf die Uhr. Wer würde zuerst kommen? Der Notarzt oder der Mitarbeiter des MDK? Frau Schaller drehte sich um, richtete sich wieder auf, würgte und wir gingen wieder zur Toilette.

Frau Schaller musste sich erneut übergeben, es kam wieder nur Spucke. Würgen, Schleim, Spucke, Würgen. Danach legte sie sich in ihr Bett. Das Schlafzimmer befand sich näher an der Toilette als das Wohnzimmer. Kein Arzt kam. Ich rief erneut beim ärztlichen Notdienst an, fragte nach. Man versicherte mir, den Arzt nochmals zu informieren. Den Arzt, nicht den Notarzt. Sie glaubten mir nicht.

Die Zeit dauerte. Wenn man wartet, wenn man eilig wartet, dann will die Zeit nicht vergehen. Mag eine Minute objektiv genauso lange dauern, in solchen Situationen weiß ich, dass Zeit etwas ganz Persönliches ist. Objektive Zeit ist nur praktisch, aber keineswegs wirklich. Im Gegensatz zu Hans Castorp, der – wie Thomas Mann schreibt – „den Tagesablauf bereits am Schnürchen hatte", hatte ich hier nicht mal eine Schnur. Ich kniete neben Frau Schallers Bett und redete weiter auf sie ein, wollte sie, die ja nur schlafen wollte, wach halten.

Ein aus dem Nest gefallenes Küken. So kam mir Frau Schaller in diesem Moment vor. Ich hatte die Balkontür geöffnet, um für Luft zu sorgen, und trat immer wieder hinaus, bei jedem Auto, das vorbeifuhr, hoffte ich. Und wettete ich. Arzt oder MDK? Aber die Autos fuhren meist vorbei, und wenn eines parkte, dann waren es andere, Anwohner oder wer auch immer. Kein Arzt, kein MDK. Kein mich erlösendes Klingeln.

Denn ich fühlte mich allein mit Frau Schaller. Ich ging wieder zurück zum Bett, kniete mich hin, sprach sie an, fühlte den Puls (längst eine lächerliche Geste), sie grummelte nur: „Schlafen, kein Arzt." Ich verliere sie, dachte ich. Als wäre ich hier in einer Soap: „Dr. Carter, bitte zum OP! Dr. Carter, bitte zum OP." Dr. Carter hört auf, die junge Krankenschwester zu knutschen, eilt im Laufschritt. Fliegender Kittel, fliegendes Stethoskop. Es geht um Leben und Tod, es geht um Liebe, Leben und Tod. Frau Schaller war eingeschlafen, schnarchte jetzt, nicht wirklich damenhaft.

Endlich klingelte es.

Dr. Carter ist jung, hat ganz dunkles Haar. Ein Paradearzt! *Alphateam*, *Chicago Hope*, *Emergency Room*. Ich entscheide mich für *Emergency Room*. Und wie üblich muss ich den Arzt erst von meiner Autorität überzeugen. Dr. Carter bleibt ruhig.

Frau Schaller ist wieder aufgewacht. „Was ist denn los?", fragt sie mit schleppender Stimme.

Dr. Carter misst den Blutdruck, stellt ihr all die Fragen, die ich auch schon gefragt habe.

Der Blutdruck war deutlich erhöht. Eine Systole weit über 200. Auch ich konnte das Ploppen im Kopf von Frau Schaller hören. Der Druck im Innern, Blutblasen platzten, ein Sprudeln und Ploppen im Kopf. Adern, die wie Spaghetti im Kochtopf langsam aufweichten.

Dr. Carter gab ihr ein schnell wirkendes Medikament. Aber der Druck reagierte darauf nicht. Also: Klinik.

Frau Schaller machte nun willfährig alles mit, begriff zwar gar nicht, was das alles sollte. Aber sie packte notdürftig einen Koffer. „In die Klinik? Das ist doch nicht nötig. Ich muss nur etwas schlafen."

Dr. Carter: „Das ist nötig, denn der Blutdruck geht nicht runter, und da besteht die Gefahr eines Schlaganfalls."

Frau Schaller: „Ach, wenn ich schlafe wird das wieder gut."

Dr. Carter: „Nein, Frau Schaller. Es wäre gut, wenn Sie in die Klinik gehen."

So ging das eine Weile hin und her. Auch ich sagte noch ein oder zwei Sätze zu Frau Schaller, um sie zu überreden. Währenddessen verständigte Dr. Carter den Notdienst. Und erneut das Phänomen Zeit: Es war, als wären sie schon draußen gestanden. Als hätte die Regie nur rufen müssen: „Achtung, Kamera läuft, Einsatz Sanitäter bitte." Plötzlich standen zwei Sanitäter im Schlafzimmer von Frau Schaller. Wer den Film *Komm süßer Tod* gesehen hat, der ahnt zumindest, was für Typen diese beiden Sanitäter waren. Marke Preisboxer. Ich will gar nicht ermessen, wie ich in das Gesamtklischee passte. Gutaussehender Arzt, tumb wirkende Sanitäter.

Und kurz darauf – hält sich die Regie eigentlich noch ans Drehbuch? – klingelt es erneut. Eine Frau, so Ende 30, mit der Attraktivität einer Topmanagerin, steht vor der Tür und bittet um Einlass. Die Sanitäter und Dr. Carter unterhalten sich kurz, dann stehen sich alle, zwei Sanitäter, Dr. Carter, Topmanagerin, Frau Schaller und der treuherzig dreinblickende

Mann, Herr Konrad (der das alles arrangiert hat), ziemlich im Weg. Geschiebe, hin und her, die Trage der Sanitäter ist auch nicht wirklich schmal.

Und die Dame vom medizinischen Dienst der Krankenkassen möchte zusätzlich wissen, was hier eigentlich los sei. „Wir hatten doch einen Termin?", fragt sie, fühlt sich ein wenig übergangen.

Irgendwann standen wir alle in dem kleinen Schlafzimmer von Frau Schaller. Zu fünft, denn die Dame vom MDK wollte zumindest einen Blick auf die Klientin werfen, dann könne man anschließend den Fall gemeinsam besprechen. Frau Schaller wurde eingepackt. Sie wehrte sich nicht mehr. Eigentlich wollte sie doch nur schlafen.

Jacke an, Schuhe an, und links ein Sanitäter, rechts ein Sanitäter, der Arzt bedankt sich bei mir mit Händedruck und meint es ernst, was mich berührt, alle gehen raus. Stille nach dem Sturm. Wie nach einer Party. Alle Gäste sind weg. Draußen ist es dunkel. Leer gegessene Teller, leere Weinflaschen, volle Aschenbecher. Die Musik ist aus. Man setzt sich noch einmal ins Sofa, raucht eine letzte Zigarette, genießt die Stille.

Mit der Dame vom MDK saß ich dann in der fremden, leeren Wohnung, im Wohnzimmer, und wir besprachen den Fall, gingen ihn Punkt für Punkt durch. Die volle Punktzahl ist ja wichtig. Bei der Alltagskompetenz zum Beispiel wird zwischen „erheblich" und „erhöht" eingeschränkt unterschieden. Die Dame vom MDK, die attraktive Topmanagerin, fand beide Adjektive nicht passend. Plaudernd saßen wir da. Ich weiß nicht mehr, ob die Wohnungstür dabei noch offen stand. Irgendwie würde es gut passen.

Ich erzählte der Dame vom MDK, dass Frau Schaller ja immer noch mit dem Auto fährt.

„Dann verstecken Sie doch einfach den Autoschlüssel", riet sie mir, stand auf und fing an, ein Versteck für den Autoschlüssel zu suchen, in der ihr völlig fremden Wohnung. „Da", sagte sie, und deutete auf ein Regal, wo große Porzellanschlüsseln standen.

Als sei alles ganz normal – vermutlich hatte mich die Gesamtsituation so aufgewühlt, dass ich in dem Augenblick überhaupt nicht realisierte, was für einen Blödsinn wir hier trieben –, versteckte ich die Autoschlüssel. Ohne nachzudenken.

Gerade waren die Autoschlüssel hinter einer blauen Porzellanschüssel versteckt, klingelte es erneut. Es war die Haushaltshilfe von Frau Schaller. Eine schüchterne, mädchenhafte junge Frau.

Zeit! Wer mir erklären will, das hat was mit der Uhr zu tun, den kann ich nur auslachen. Über eine Stunde war vergangen, seit ich die Wohnung von Frau Schaller betreten hatte. Ich hätte längst weg sein müssen.

Ich erklärte der jungen Frau kurz, was vorgefallen war. Die stand da, etwas hängende Schultern, ganz unsicher. Was jetzt zu tun sei? Darüber hatte ich gar nicht nachgedacht.

Die Dame vom MDK klappte währenddessen ihren Laptop zusammen. „Wir sind fertig", sagte die Topmanagerin entspannt.

Und wir verließen gemeinsam, zu dritt, die Wohnung.

Ich schloss die Tür von Frau Schaller. Das war ein komisches Gefühl. Schweigend gingen wir die Treppen hinunter und draußen stieg die Topmanagerin in ihr Top-Auto und brauste davon. Die junge Haushaltshilfe und ich hatten noch mit der Straßenbahn ein paar gemeinsame Stationen. Ich plauderte, sie nickte. Es war kühl, aber sonnig.

Ich vergaß meinen Schal. Am folgenden Tag fuhr ich in Frau Schallers Wohnung, diesmal mit Ersatzschlüssel, holte den Schal und hatte schlagartig ein schlechtes Gewissen. Es war sonderbar leer in der Wohnung. Durch die großen Fenster schien die Sonne. Es kam mir vor, als wären Monate vergangen. Dabei war alles erst gestern gewesen.

Ich ging zum Regal, griff hinter die blaue Porzellanschüssel und legte den Autoschlüssel offen auf den Glastisch von Frau Schaller. Draußen taute es. Meinen Schal brauchte ich gar nicht, stopfte ihn in meine Tasche. Es lag irgendwie ein Zauber in der Luft. Der Himmel blau, fast glitzernd blau. Der Schnee knisterte, weil die Sonnenstrahlen ihn behutsam wegstreichelten.

Das Mascherl

Ich erzählte dem Professor gerade, wo ich arbeite, er jedoch schien mich nicht mehr zu hören und machte sich auf den Weg, das Zimmer zu verlassen. Seine Assistentin, ein schmales, unscheinbares Arztfräulein, folgte ihm ehrfürchtig. Allein die bunte Fliege des Professors blieb wie ein Rorschach-Klecks vor meinem geistigen Auge stehen.

Ich sehe ihn vor mir, mit diesem voluminösen, professoralen Oberkörper. Soweit ich es erinnere, hatte er einen Schnauzbart, der an ihm nicht lächerlich wirkte, sondern ihm etwas Respekteinflößendes verlieh. Er war nett gewesen, keine Frage. Gut der Mann, hatte er zu mir gesagt, und so ein professorales Lob tat wohl.

„Und ich dachte immer, geistige Beschäftigung hilft gegen Demenz!“ Der Professor konnte nicht fassen, dass die nur 73-jährige ehemalige Historikerin – „So jung!“ – schon an Demenz litt. Er war offensichtlich enttäuscht. Sport und Kreuzworträtsel, das ist ja die Lehrmeinung, können den geistigen Verfall aufhalten. Frau Schaller war Nichtraucherin, Leistungssportlerin, Akademikerin und trank nicht. Es gab einfach keinen Grund für ihre Vergesslichkeit.

Ich musste an die berühmte Nonnen-Studie denken, über die School Sisters of Notre Dame und ihre homogene Lebensweise. Man hatte nach dem Tod der Nonnen ihre Gehirne untersucht, mit dem Ergebnis, dass der Befund sich nicht mit der offensichtlichen Intelligenz der alten Frauen in Einklang bringen ließ. Frau Schaller hatte sich selbst einmal scherzhaft als „alte Jungfer“ bezeichnet. Sie hatte nie einen Lebenspartner gehabt und pflegte lange ihren kranken Vater. Als er starb, dürfte eine Lücke entstanden sein – während die School Sisters weiter homogen ihren Gemüsegarten pflegten.

Frau Schallers Vater steht im Zentrum ihrer Lebensgeschichte. Wenn sie von früher erzählt, dann davon, dass ihr Vater von den Kommunisten verhaftet wurde. „Er war Zivilrichter", sagt sie dann empört, er habe mit den Nazis nichts zu tun gehabt. Und dann erzählt sie, wie einmal Post kam und im Kuvert war ein kleiner, schmutziger Zettel, auf dem nur die Worte „ich lebe noch" standen.

Fünf Jahre verbrachte ihr Vater im sowjetischen Speziallager Nummer 2 Buchenwald, auf dem Gelände des ehemaligen Konzentrationslagers Buchenwald. Es ist schon eine groteske Variante der Geschichte, dass das KZ so noch volle fünf Jahre weiter existierte. Das sowjetische Speziallager wurde 1945 gegründet und 1950 mit der Gründung der DDR wieder aufgelöst. Siebentausend Menschen starben unter den unmenschlichen Lagerbedingungen.

Frau Schallers Vater überlebte. Viele Jahre später folgte sie ihm nach München, und als er alt und krank war, pflegte sie ihn. Davon sprach Frau Schaller oft, wie sie ihren kranken Vater gepflegt hat. Es hatte ihrem Leben Sinn gegeben. Jetzt fühlte sie sich oft überflüssig und nutzlos.

Das war mein Subtext, während ich die Fliege und den Schnauzbart des Professors betrachtete, und er darüber nachdachte, warum Kreuzworträtsel nicht gegen Demenz helfen.

„Vielleicht sollte man kein Deo benutzen", sagte ich.

„Dann sind Sie aber einsam", antwortete der Professor und sah mich fragend an. „Wegen des Aluminiums", versuchte ich zu erklären, das hätte ich mal gelesen.

In Wirklichkeit war es nur ein Filmzitat, aus dem Film *Smokin' Aces,* da überwachen zwei Bullen einen Kriminellen, und der eine Bulle sagt zum anderen, er benutze kein Deo wegen der Alzheimergefahr. Der andere Bulle antwortet: Was hast du gesagt?

Aber was geht's den Herrn Professor an, welche Filme ich gucke. Meiner Ironie konnte er nicht folgen, da er im Gegensatz zum Leser dieses Textes meinen Subtext nicht kannte.

„Ach ja", meinte der Professor mit der bunten Fliege, und dann sagte er irgendwas Medizinisches mit den Nieren und bestätigte die Deodoranttheorie. Also doch einsam. Ein kleiner Dialog, während wir das Zimmer von Frau Schaller betraten. Die Dame, die in dem Bett neben ihr lag, schaute uns fragend und hoffend an, aber wir gingen alle an ihr vorbei.

Der Professor hob den Plastikdeckel an, der sich auf dem Nachtkästchen von Frau Schaller befand. „Was gab es denn heute Gutes? Sie sollten aber mehr essen." Ein guter ärztlicher Rat. Nichts anderes sage ich Frau Schaller auch immer wieder.

Gestern habe sie ein ganzes Schnitzel verdrückt, antwortete Frau Schaller. Das habe sie lange nicht mehr getan.

Über das Wochenende sollte sie noch hierbleiben, meinte der Professor und erkundigte sich bei seiner Assistentin, welche Untersuchungen noch anstünden. Für das Herzecho sei sie bereits angemeldet. „Gut", sagte der Professor.

Frau Schaller blickte enttäuscht: „Über das Wochenende?"

„Na ja", sagte ich zu ihr, „es sind nur zwei Tage, genießen Sie Ihren Aufenthalt und das gute Essen."

Dann gingen wir alle wieder aus dem Zimmer.

Von Haus D zum zentralen Ausgang war es ein kleiner Spaziergang. Vor dem Krankenhaus dreckiger Schnee, der langsam taute. Was hat es mit dieser Fliege bei Professoren auf sich, musste ich immerzu denken. Das Mascherl, der

Querbinder, zeuge heutzutage von exzentrischem Charakter, recherchierte ich später bei Wikipedia.

Herr Müller

Denn sie wissen nicht, was sie tun

Vielleicht zehn, vielleicht fünfzehn Quadratmeter – ich kann das nicht so gut schätzen, aber mehr bestimmt nicht – stehen Herrn Müller für sein Leben zur Verfügung. Und nicht nur das!

Das Zimmer ist heruntergekommen, die Möbel vom Sperrmüll, der Lattenrost vom Bett ist durchgebrochen und notbehelfsmäßig mit alten Telefonbüchern gestützt, sonst würde die alte, fleckige Matratze auf den Boden durchhängen. In den schlecht verputzten Wänden sieht man lange Risse. Sie ziehen sich von der Decke bis zum Boden. Ein Maurer, den ich mal gebeten hatte, sich das anzusehen, äußerte sogar Bedenken, dass die Wände möglicherweise nicht halten würden, dass das im Sommer in den Ritzen angesammelte Kondenswasser im Winter das Mauerwerk sprengen könnte, wenn es gefriert und sich ausdehnt.

Auf dem Boden geht man teilweise über Estrich, alte, von Feuchtigkeit gewellte Teppiche liegen darüber. Die Beleuchtung ist spärlich. Toilette, Badezimmer und Küche sind ein Raum. Alles ist verklebt, dreckig, staubig, es riecht muffig.

Der Bewohner dieses „Verschlags" passt ganz gut dazu. Herr Müller ist ein ruppiger alter Mann. Er ist ein schwerer Trinker. Meist hat er die Jalousien der Erdgeschoßwohnung herabgelassen. Nur gelegentlich, bei schönem Wetter, sieht man Herrn Müller am Fenster stehen und rauchen. Ich besuche ihn schon seit zwei Jahren.

Als seine gesetzliche Betreuerin ihn in meine Obhut übergab, war ihre Hoffnung auf eine Besserung nicht sehr groß. Sie hatte resigniert, was ich zunächst nicht verstehen konnte. Ich glaubte, man müsse nur die äußeren Bedingungen ändern und schon würde alles besser werden. Und wir versuchten es. Aufrichtig.

Aber Herr Müller wollte nicht ausziehen, lehnte alle Wohnungsangebote ab. Es ist sein Viertel, sein Revier. Und er hat wohl auch Bedenken, dass er nicht mehr an Alkohol kommen würde, wenn er in eine betreute Wohnform käme. Für alte Trinker gibt es – verständlicherweise – wenig passende Angebote. Seine Saufkumpanen besuchen ihn gelegentlich und bringen ihm etwas zu trinken mit. Er selbst verlässt die Wohnung kaum noch. Herr Müller hat kein Geld bzw. wenig Geld. Die Grundsicherung wird – wenn man nicht rechtzeitig bei der Bank ist und alles abhebt – von seinen Gläubigern gepfändet. Wir kaufen für ihn ein, verwalten sein bescheidenes Taschengeld. So bleibt Herrn Müller oft nichts anderes übrig, als die von uns gekauften Nahrungsmittel gegen Bier einzutauschen. Bier und Schmerzmittel.

Einmal begegnete ich einem seiner Saufkumpane. Er war ein stattlicher Mann, ein Bayer wie aus dem Bilderbuch. Zwei Zentner schwer, mit einem knallroten Glatzkopf und Schnauzer. Er redete schnell und etwas wirr. Soweit ich aus dem schlau werden konnte, was er mir erzählte, schuldete ihm Herr Müller viel Geld. Aber seine Hoffnung, das Geld jemals zurückzubekommen, war nicht sehr groß.

Die Nachbarn beschwerten sich nur, wollten von mir Informationen, ob denn endlich was unternommen werde. Der Mann müsse weg. Ich hob, um Verzeihung bittend die Arme, es sei ja schon ein Richter da gewesen. Was könne man denn sonst noch machen? Herr Müller galt auch als Kinderschreck, denn er hatte die unkonventionelle Angewohnheit, nackt aus der Wohnung zu treten. Ich glaube, Herr Müller ist kein überzeugter Nudist (oder Naturist). Vermutlich ist er ein wenig zerstreut oder einfach nur zu faul, um sich anzuziehen. Er ist alt, nicht immer nüchtern, und das Leben hat ihn deutlich gegen den Strich gebürstet.

Er wohnt auch schon recht lange hier. Und da sammelt sich einiges an. Zum Beispiel viele, viele Anzeigen wegen Sachbeschädigung. Herr Müller hatte wohl die Angewohnheit, Autos, die vor seiner Wohnung parkten, zu demolieren. Und er mochte es wohl nicht besonders, wenn seine Nachbarn Besuch bekamen, er griff diese Besucher tätlich an. Eine aufgebrachte Nachbarin, die auch schon sehr lange im gleichen Haus wohnt, beschrieb mir das alles einmal recht anschaulich. Und dass früher Herrn Müllers Wohnung größer gewesen sei. Die Nachbarin redete schnell und nicht immer sehr zusammenhängend. Und ich war zu höflich, um genauer nachzufragen. Ein bisschen Kummertante war ich ja auch. Und da lässt man die Leute reden. Genau habe ich also nicht verstanden, warum dann eine Trennmauer gezogen wurde.

Nebenan wohnt nun aber in der etwas größeren Wohnung, die früher zu der jetzt sehr kleinen Wohnung von Herrn Müller gehörte, eine Frau mit Hunden. Herr Müller legt gerne Hühnerknochen vor ihre Wohnungstür. Sie öffnet, die Hunde drehen durch und die arme Frau ist schwer beschäftigt, die Hunde vor dem Erstickungstod zu bewahren. Herr Müller ist also kein Sympathieträger. Aber man kann sich seine Patienten ja nicht aussuchen. Und auch nicht seine Nachbarn.

Vor Kurzem besuchte ich ihn wie gewohnt. Ich stand gerade am Tisch, hatte die mitgebrachten Lebensmittel ausgebreitet, unter anderem Aktivia-Joghurt, den Herr Müller gerne für seine Verdauung verzehrt. Ich war gerade dabei, ihm ein paar belegte Brote zu machen, da stellte er sich – vollkommen nackt, wie er es gerne hat – neben mich und griff nach dem besagten Joghurt, hielt ihn mir vor die Nase.

„Öffnen“ befahl er.

Ich lehnte ab, wollte ihm erst seine Brote schmieren.

Man muss dazu sagen, dass Herr Müller schwerhörig ist, und nur ein altes, pfeifendes Hörgerät hat, das er ungern benutzt. Herr Müller stand also nackt neben mir, in Schlagweite. Und ich habe wirklich nicht damit gerechnet, dass der alte Mann sich so verhält.

Mir war der Joghurt jetzt gerade nicht so wichtig, ihm offenbar schon. Meine Brille flog quer durch den Raum. Nur meiner schnellen Reaktion verdankte ich es, dass mir ein Veilchen erspart blieb. Den nächsten Schlag konnte ich mit dem Arm blocken. Dann rettete ich mich mit ein paar Schritten zur Tür, hob meine Brille auf, duckte mich noch, weil eine Tüte Toastbrot in meine Richtung flog, und die Worte „du Halbstarker“. Worte, die ich ehrlich nicht begriff und nicht auf mich beziehen konnte.

Herr Müller ist zu Fuß gottlob nicht sehr schnell und ich entkam ohne allzu großen Schaden. Meine Brille ist ein wenig verbogen. Aber es ist auch keine neue Brille und ich trage mich schon länger mit dem Gedanken, mir eine neue, hübschere, elegantere, modischere anzuschaffen.

Trotzdem: Seit diesem Vorfall sind meine Besuche bei Herrn Müller mehr vom Zwischenhirn beeinflusst, als mir lieb ist. „Ich mag nicht“, sagt mein Zwischenhirn. „Du musst“, antwortet das Großhirn. Ich folge dem Großhirn, denn ich bin schon groß. Und ich wusste ja, dass Herr Müller nicht eine dieser netten alten Damen ist, deren bürgerliche Existenz auch in der Demenz noch spürbar ist.

Herr Müller hat auch, das muss man zu seiner Verteidigung hervorbringen, sicher kein leichtes Leben gehabt. An seiner rechten Hand fehlt ein Finger. Ein Arbeitsunfall, soweit ich mich an seine Vita richtig erinnere. Am Oberarm ein klassisches Knast-Tattoo. Herr Müller war wohl früher im Bergbau beschäftigt, wie sein Vater. Dann kam er nach München und arbeitete hier als Friseur. Herr Müller ist homosexuell. Heute ist das ja keiner besonderen Erwähnung wert. Aber noch in den 1980er Jahren kamen Homosexuelle aus rein juristischen Gründen in die Psychiatrie.[5] Noch vor einem Vierteljahrhundert war Homosexualität forensisch. Und Herr Müller ist ein alter Mann. In seiner sexuell aktiven Zeit blieb das sicher nicht ohne Konflikte.

Als ich an jenem Tag die adrette Wohnung von Herrn Müller verließ, war ich doch ein wenig außer mir. Dass an dem Tag die Sonne schien, tat mir wirklich gut, das heiterte mich etwas auf und milderte die Irritation und meinen seelischen Kummer etwas. Aber man kann sich seine Patienten ja nicht aussuchen. Ich werde ihm weiterhin sein Bier, seine Zigaretten und sein Junkfood mitbringen. Dass ich mehr darauf achte, nicht in seiner Schlagweite zu stehen? Kann man mir das verdenken?

---

5 Der § 175 des deutschen Strafgesetzbuches (§ 175 StGB) existierte vom 1. Januar 1872 (Inkrafttreten des Reichsstrafgesetzbuches) bis 11. Juni 1994. Er stellte sexuelle Handlungen zwischen Personen männlichen Geschlechts unter Strafe.

Müllers Reich

Es war ja nicht das erste Mal. Ich glaube auch nicht, dass Sisyphos ein glücklicher Mensch gewesen ist. Nein, das glaube ich bestimmt nicht. Albert Camus war Philosoph, und kein Krankenpfleger. Und wie mir Frau Gustav jüngst erklärte: Philosophen tanzen nur um sich selbst. Sisyphos war also nicht glücklich und Punkt.

Ich saß gerade bei Frau Schwan und sah ihr zu, wie sie ihre Suppe löffelte. Langsam, sehr langsam tauchte der Löffel in die Suppe, blieb dort, lange, lange, kam wieder heraus, noch mal hinein und wieder lange, lange blieb er dort, bis er wieder aus der Suppe emportauchte und ganz langsam in den Mund von Frau Schwan wanderte. Löffel für Löffel. So muss es sich anfühlen, wenn man sich in Lichtgeschwindigkeit bewegt. Denn da verlangsamt sich die Zeit. Ein absurder Effekt der Relativitätstheorie. Ich war gerade Zeuge von Einsteins Gedanken und wie paralysiert sah ich ihr zu, als mein Mobiltelefon klingelte und mich aus der Lichtgeschwindigkeit riss.

Eine Kollegin berichtete mir, dass das Waschbecken von Herrn Müller mal wieder verstopft sei und das Badezimmer (das ja zugleich Toilette und Küche ist) geflutet. Ich solle meine Nasenklammer mitnehmen, empfahl sie mir noch.

Gleich darauf rief ich die Betreuerin von Herrn Müller an. Sie stöhnte, als ich ihr die erfreuliche Nachricht übermittelte.

„Eigentlich ist das alles unzumutbar“, sagte ich. Ich hörte sie nicken.

„Aber man hat das Unterbringungsgesetz weiter verschärft“, sagte sie, „gerade ist eine Klientin von mir seit drei Tagen abgängig.“

Diesen Zusammenhang verstand ich nicht ganz. Aber immerhin waren wir uns darin einig, dass es eigentlich keinen Sinn mehr machte, diesen Mann in seiner Bruchbude zu halten. Und man kann da wirklich nur diesen Begriff aus der Tierpflege benutzen: „halten".

Am nächsten Morgen wartete ich vor Herrn Müllers Haus auf den Handwerker. Drinnen hätte man es nicht ausgehalten. Es roch, nein, es stank, als würde sich im Siphon eine Leiche zersetzen. Und draußen stank es auch, denn Herr Müller hatte das Fenster leicht geöffnet. Endlich kam der Handwerker. Er trug ein Muskelshirt – er hatte Oberarme, die das rechtfertigten – und unter seinem kräftigen Arm klemmte ein Gummisaugnapf.

„Wartest du auf mich?", begrüßte er mich freundlich.

„Herr Gruber?", fragte ich und streckte die Hand aus.

„Schwarz", sagte er, „von der Firma Gruber."

„Haben Sie Ihre Nasenklammer dabei?"

Herr Schwarz meinte, er sei ja schon mal „bei dem" gewesen. Und wie könne man so leben. „Wie ist das möglich?"

Ich erklärte ihm, dass der Untersuchungsrichter schon zwei Mal hier gewesen sei. „Es reicht noch nicht aus für Zwangsmaßnahmen."

„Wie bläd muaß ma sein, damit's ausreicht?" Das war eine berechtigte Frage. Handwerker sind praktische Menschen.

In Müllers Reich war es warm, stickig und es stank fürchterlich. Eine Kloake käme im Vergleich dazu als Parfümerie durch. Ich ging zum Fenster und öffnete es ganz. Herr Müller lag in seinem Bett, blickte kurz auf und drehte sich nur zur Seite. Wir waren einfach reingegangen, ohne zu klingeln. Herr Müller war so schwerhörig, dass er es sowieso nicht gehört hätte. Sein Hörgerät pfiff – auf einer Schrankablage liegend –

vor sich hin. Herr Müller störte das alles nicht im Geringsten. Er lag im Bett und döste. Wahrscheinlich schon ganz benebelt von den Zersetzungsprozessen in seiner Behausung.

Herr Schwarz war schon am Ort des Geschehens. Weit hatte man es ja nicht in dieser „Einzweckhalle". Ich überlegte kurz und ging dann in den Hausflur, um wieder Luft zu holen. Die Tür der Nachbarin stand offen bzw. war ein Bergschuh zwischen Tür und Türstock geklemmt. Ich klingelte. Aber die Klingel war wohl kaputt.

Dann blickte ein dunkelhäutiger Mann durch den Türspalt. „Sind Sie der Nachbar?" Sah ich etwa so aus? Der Mann murmelte etwas und verschwand wieder. Ich stand im Hausflur und wartete. Nichts geschah. Der Bergschuh lag weiterhin im Türspalt. Aus der Wohnung war nichts zu hören. Aber man hörte das Klopfen des Handwerkers aus Müllers Reich. Erst nach einiger Zeit kam ein großer Hund, wohl eine Art Labrador aus der Nachbarswohnung, trottete an mir vorbei, ohne mich zu beachten, und legte sich in den Hausflur.

Dann geschah weiter nichts. Bis schließlich eine Frau die Tür ganz öffnete. „Ja?", fragte sie.

Wir kannten uns, hatten uns schon mal kurz unterhalten. Sie war ja Leid mit ihrem lieben Nachbarn gewohnt. Mal abgesehen von der Geschichte mit den Hühnerknochen vor ihrer Tür: Ihre Küche grenzte an sein Bad. Sein Wasserkreislauf war auch ihr Wasserkreislauf. Und da sammelt man Erfahrungen. Ich erklärte der armen Frau, dass mal wieder ein Wasserschaden bei ihrem Nachbarn entstanden sei. Wie zur Bestätigung hörte man aus Müllers Reich ein lautes Plätschern und einen Rums.

„Oje", sagte die Nachbarin. Ihr Hund blickte mich mit traurigen Augen an.

„Wenn Sie für Ihre Hausgemeinschaft was Gutes tun wollen“, sagte ich nun, „dann machen Sie doch eine anonyme Anzeige bei der Baubehörde.“

Für diesen Tipp war sie sehr dankbar und meinte, dass sie das gleich tun würde.

Inzwischen kam auch der Handwerker, Herr Schwarz, wieder aus Müllers Reich. Eine eklige Brise folgte ihm. Herr Schwarz setzte sich auf die Treppenstufen, um sein Formular auszufüllen.

Ich fragte die Nachbarin noch, wem eigentlich das Haus gehöre, ob es eine Verwaltungsgesellschaft gäbe. Das Haus war auf verschiedene Besitzer verteilt. Eine Hausverwaltung gab es immerhin.

„Frau Rutt, mit der kann man reden“, sagte die Nachbarin.

„Vielleicht sollten Sie das tun, bevor Sie die Baubehörde informieren. Hauptsache, es bewegt sich was. Ich kann ja nichts machen. Ich bin nur ein Krankenpfleger, Angestellter. Immerhin habe ich initiiert, dass die Betreuerin nun auch das Wohnrecht von Herrn Müller betreut. Aber man kann jemanden nicht so einfach aus der Wohnung werfen. Das ist auch grundsätzlich in Ordnung. Das individuelle Recht und so“, sagte ich.

Inzwischen war der Handwerker mit seinem Formular fertig. Der Hund richtete sich auf und schlappte träge an uns vorbei. Ich sollte noch unterschreiben.

„Da Wahnsinn“, sagte Herr Schwarz, „da kriegst ja Lungenkrebs da drin.“ Dann erzählte er mir: „Du glaubst gar ned, was I scho ois gseng hob. Oana, der hod Kartoffe ins Klo gworfn. Die kriegst nimma raus. So a Künstler oder so. Wos woars I, wos der studiert hod. I hob mit da Hand die Kartoffe aussiziagn miassn. A Sauerei. Die kannst ja ned weichklopfen.“

„Rohe Kartoffeln?“ Das war natürlich nur eine rhetorische Frage von mir gewesen.

Dann erzählte er noch von einem, der Plastikbecher in die Toilette geworfen hatte, und von einem, der nicht runterspülte, da war dann ein riesiger Haufen, der schon über den Rand schwappte. „Des hob I in a Plastiktüten do und eam ind Hand druckt. Dem hot des ghört, des Haus oder Wohnrecht auf Lebenszeit.“

Es gab also außer Müllers Reich noch andere Reiche.

Ich verabschiedete mich von der Nachbarin, nicht ohne noch einmal einen Appell an sie zu richten. „Damit endlich was weiter geht, ein bisschen Staub aufwirbeln.“

„Ich kann hartnäckig sein, das dürfen Sie mir glauben“, sagte sie und vermittelte mir damit Zuversicht.

Auf der Straße bekam ich noch einen kräftigen Händedruck von Herrn Schwarz. „Oiso, servus nachad. A schens Wochenende no.“

Das wünschte ich ihm natürlich auch. Ich roch noch Müllers Reich im Nacken, aber blickte mich nicht mehr um.

Es war ein heißer, sehr heißer Tag, der Schweiß lief mir den Nacken herunter und die Sonne prallte auf mich, als wollte sie aus meinem Kopf Helium-Atome kochen. Ich zündete mir eine Zigarette an und ging, ging langsam, träge wie zuvor der Labrador, die Straße entlang, hinein ins nächste Unglück.

Frau Karl

Ich bin doch nicht behindert!

Das Persönliche Budget ermöglicht Menschen mit einem Anspruch auf Teilhabeleistungen (Menschen mit Behinderung oder chronischer Erkrankung), anstatt einer traditionellen Sachleistung oder Dienstleistung Geld oder in Ausnahmefällen Gutscheine zu erhalten. Sie können so theoretisch selbst entscheiden, wann welcher Dienst und welche Person die Unterstützung erbringen soll und diese als „Kunde" unmittelbar selbst bezahlen.

WIKIPEDIA.ORG

Den Kragen seines schwarzen T-Shirts hatte er hochgestellt. Mit seiner Glatze wirkte er smart. Anfang 30, gesunde Hautfarbe, seine Stimme betont sanft, fast so, als sei gerade wer gestorben, als sei die Leiche noch im Zimmer.

Ich passte mich der Stimme an. *Spiegelte* das Verhalten des Sozialarbeiters – um so ein Fachwort zu nennen. Aber das lag auch daran, dass ich total kaputt war an dem Tag. Geschwächt von einer Sommergrippe, die ich nicht auskurieren konnte. Bleierne Müdigkeit meines Körpers. Da hatte ich nicht die Kraft für eine ganz eigene Körperhaltung und ganz eigene Stimme. Also übernahm ich einfach.

Anfangs redete Frau Karl ständig dazwischen. Das ist so ihre Art. Mit diesem markanten Ostdialekt, passend zu ihrer wuchtigen Gestalt mit ihrem großen originellen Hut auf dem Kopf, ihren Klunkern am Leib, dem Kofferwägelchen. Ihr Gesicht gerötet und aufgedunsen. Nachdem sie daraufhin vom Sozialarbeiter selbst ein paar Mal sanft unterbrochen wurde – die geringste körperliche Geste von Ungeduld wirkt bei so viel Sanftheit in der Stimme äußerst überzeugend –, sprach sie nicht mehr dazwischen. Über eine Stunde hielt sie das durch. Nur wer Frau Karl etwas kennt, kann diese Leistung entsprechend würdigen.

Der Sozialarbeiter moderierte die Sitzung trotz aller Sanftheit äußerst streng. Oder wirkte das nur so streng, weil es so sehr im Widerspruch zu seiner säuselnden Stimme stand? Oder lag alles nur an seinem hochgestellten Kragen? „Ich möchte in einer Stunde fertig sein", er blickte auf die Uhr, „dann habe ich noch einen anderen Termin."

Ich selber sagte sehr wenig in dieser Stunde. Viel Gelegenheit für mich, etwas zu sagen, gab es auch nicht. Gott sei Dank, weil ich ständig das Gefühl hatte, ich kopiere diese Sanftheit. Zwei weitere Mitarbeiter waren im Raum. Die Kollegin des Sozialarbeiters war eine etwa 40-jährige Frau, die einer Büropflanze glich, einer Büropflanze, die schon sehr lange im Büro stand. Sie wurde zwar täglich pflichtbewusst gegossen, dennoch wirkte sie ein bisschen ausgetrocknet. Das lag an der Klimaanlage. Das Haar strohig und kein hochgestellter Kragen, keine Sanftheit in der Stimme, eher dieses hektische Büroimage. Sie saß auf dem einzigen Stuhl, der Rollen hatte. Und das nutzte sie aus. Der Sozialarbeiter mit dem neckisch hochgestellten schwarzen Kragen überreichte seine Visitenkarte an Frau Karl.

„Die kriegen nur die Fachstellen", kommentierte die Büropflanze die Visitenkarte ihres Kollegen. Im gleichen Augenblick schwang sie den Bürostuhl dynamisch in Richtung ihres Computers, um einen Briefkopf auszudrucken, auf dem ihre Daten standen. Schließlich war sie ja auch im Zimmer und Frau Karl sollte daran eine Erinnerung haben.

„Ich könnte mir selber welche basteln", dämpfte sie mit bemühter Komik ihre Kritik. Eine Fachstelle und eine Büropflanze teilen sich das Büro. Für Konflikte, kleine Eifersüchteleien ist da allemal gesorgt.

Mich unterstützte Inge bzw. sollte ich sie unterstützen. Inge ist Sozialpädagogin. Und sie sah ein wenig so aus, als sei sie Mitglied der Kelly-Familie! So war – einschließlich meiner Schnupfennase – ein hübscher gesellschaftlicher Querschnitt im Büro des Bezirksamtes versammelt. Ein säuselnder Existenzialist, eine Manikerin, ein Mitglied der Kelly-Familie, eine Büropflanze und ein verschnupfter Krankenpfleger.

Nun wurden die einzelnen Punkte abgearbeitet. Frau Karl erreichte am Ende der Sitzung 99 Punkte. Nein, das war jetzt ein Scherz. Die genaue Punktzahl erinnere ich nicht mehr. Aber am Ende hatte sie 902 Euro mehr in der Tasche, pro Monat – als persönliches Budget. Die Summe ergab sich aus einer bestimmten Punktzahl aus einer bestimmten Tabelle. So wird man zum Excelwesen. Um das persönliche Budget zu verwalten, musste Frau Karl ein extra Konto eröffnen oder ein Unterkonto bei ihrer Bank einrichten lassen. Denn das Budget dient nur dazu, sich die Hilfe bezahlen zu lassen, die speziell mit ihrer „Behinderung" zu tun hat.

Meine Kollegin Inge musste Frau Karl dann erklären, was „Behinderung" in diesem Fall bedeutet.

„Behindert?!", fragte Frau Karl ziemlich entrüstet nach, „ich bin doch nicht behindert!"

Frau Karl leidet seit vielen Jahren. Mal ist sie manisch, lacht viel und geht viel einkaufen, auf Reisen und zu Trinkgelagen; mal ist sie depressiv, liegt nur noch im Bett, blickt stumpf vor sich hin und lacht nicht mehr, putzt ihre Wohnung nicht mehr und dann geht sie auch nicht mehr auf Reisen und kauft nichts mehr ein. Und daher ist Frau Karl skeptisch. Ist das eine Behinderung?

„Das ist eher gut für Sie“, versuchte es meine Kollegin weiter. Behindert, heißt Geld. Nicht behindert, heißt kein Geld.

„Das ist eher gut für Sie“, antwortete Frau Karl.

Als wir anschließend zur U-Bahn gingen, meinte Inge: „Sie hat den Braten gerochen.“ Denn das Geld konnte Frau Karl ja nur für uns ausgeben. Natürlich könnte sie sich eine andere Pflegeeinrichtung raussuchen, einen anderen ambulanten Dienst. Aber das Geld war eben zweckgebunden. Keine hübschen Schuhe, Handtäschchen, Jäckchen, Pullöverchen. Nur pflegerische Dienstleistungen gab es für das Geld.

Frau Karl bekam ein dickes grünes Heft mit auf den Weg. Die Büropflanze gab es ihr. Darin waren weitere ambulante Dienste aufgelistet. „Wir schreiben die Dienstleistung hoch“, sagte sanft der Sozialarbeiter. Sie habe freie Wahl.

Frau Karl fand unser Angebot viel zu teuer, konnte gar nicht verstehen, warum das so viel kostet.

„Eine Fachkraft ist heutzutage sehr teuer. Wir leben im 21. Jahrhundert“, erklärte ihr der Sozialarbeiter mit seinem sanften Nachdruck in der Stimme. Das mit dem 21. Jahrhundert betonte er dabei dreimal. Sodass ich mich schon fragte, warum er das so hervorhob. Hielt er Frau Karl für antiquiert? Oder wollte er damit nur seine eigene zeitgemäße Haltung bekunden. Frau Karl hatte jetzt die freie Wahl. Liberalitas Bavaria. Oder es lebe das 21. Jahrhundert.

In dem grünen Heft konnte sich Frau Karl nun in aller Ruhe andere Einrichtungen betrachten, sich Angebote machen lassen. Konkurrenz ist legitim. Dass Frau Karl von uns schon seit Gründung des Vereins betreut wurde, dass sie damit eigentlich Teil der Institution geworden war, das stand nicht in dem Heft. Dass wir Frau Karl auch oft genug ohne Rücksicht auf ihre finanzielle Situation betreut hatten, dass wir ihr

Leben zum Teil aus unserer Spendenkasse finanziert hatten, das stand nicht in dem grünen Heft. Dass sich jeder andere Sozialverein an Frau Karl ziemlich sicher die Zähne ausbeißen würde, das stand nicht in dem grünen Heft. „Wir schreiben die Dienstleistung hoch", das stand in dem grünen Heft.

Im sozialen Bereich hat der Kapitalismus einen unangenehmen Beigeschmack. Das Geld für das persönliche Budget stammt vom Staat, seit 1. Januar 2008 gibt es diese Möglichkeit, über den Bezirk seine Bedürftigkeit finanzieren zu lassen.

Nebenbei wussten die vom Bezirk nicht mal, wie die zusätzlichen Pflegeleistungen durch die Pflegekasse zu bewerten seien. Denn Frau Karl bekam 100 Euro monatlich von der Pflegekasse. Nicht weil sie behindert ist, sondern ein bisschen schusslig. 100 Euro im Monat, wenn man in seinen *Alltagskompetenzen* eingeschränkt ist. Sollte man dieses Geld jetzt vom persönlichen Budget abziehen, oder nicht? Riecht das nach Doppelfinanzierung? Weiß die rechte Hand des Staates nicht, was die linke tut? Diesen Fragen wolle sie gerne nachgehen, versprach Inge dem sanften Sozialarbeiter mit dem schwarzen Kragen.

„Aber da die Leistungen aus verschiedenen Büchern stammen, SGB IX und SGB XI, gelten beide", meinte Inge noch skeptisch. So ist das oft im Leben. Das Alte Testament und das Neue Testament erhält man nur in einer Ausgabe. Soll man nun Auge um Auge, Zahn um Zahn verfahren oder seine rechte Wange hinhalten, wenn die linke geschlagen wird? Die Angebote stammen aus verschiedenen Büchern, und gelten beide.

Genau genommen finanziert der Staat mit dem Geld aber nicht die Bedürftigen, sondern jene, die den Bedürftigen helfen. Genau genommen wurde also mein Job durch Sozialleistungen mitfinanziert.

„Ein Schmankerl noch: Sie dürfen 50 Euro für eigene Zwecke ausgeben, wie mit Freunden ins Kino gehen oder mal einen Kaffee trinken. Nutzen Sie das auch dafür", sagte der Sozialarbeiter zu Frau Karl.

Das war ja nett. Ein Rudiment sozialer Marktwirtschaft.

Und Frau Karl? Sie war ja die Betroffene, und sie blieb bis zum Schluss skeptisch.

„Es scheint fast so, als müssten wir Sie zu dem Geld überreden", scherzte der Sozialarbeiter am Ende der Sitzung.

In der Tat. Es ging um persönliche Dinge. Frau Karl war schließlich bei der Anhörung gezwungen, sich sozusagen nackt auszuziehen. Ihre Verhältnisse musste sie eindeutig schildern. Ihre Wohnverhältnisse wurden transparent, ihre privaten Beziehungen wurden angesprochen, ihre schlechten Angewohnheiten offengelegt. Das ist ja legitim. Es handelt sich um ein „persönliches Budget". Was für ein Euphemismus! Zumal das Geld ja an die ambulante Einrichtung geht bzw. für die Helfer gedacht ist.

„Sie können sich damit zum Beispiel jemanden kaufen, der Ihnen zuhört", sagte der Sozialarbeiter. Es gebe eine Liste mit Menschen, die man fürs Zuhören bezahlt. „Die müssen Ihnen dann zuhören. Auch dafür ist das Budget da."

Da musste ich schon schlucken. Das sagte mehr aus über unsere Gesellschaft als alles, was ich bisher gehört hatte. Welch eine Erniedrigung! Dass Frau Karl dies unkommentiert ließ, traf mich dann noch zusätzlich. Denn sie wusste, dass sie das braucht. Sie wusste inzwischen, dass Menschen ihr nur gegen Bares zuhören. Im sozialen Bereich ist dieser Kapitalismus schlicht und ergreifend zum Kotzen.

Als wir über den Personalbereich, den uns die Büropflanze netterweise wies, das Amt verließen, kam gelegentlich die

Sonne durch. Es war schwül. Das Münchner Lehel war einmal ein Arbeiterviertel gewesen. Heute konnte man sich dort die Miete als Normalsterblicher gewiss nicht mehr leisten. Im Lehel wohnt der Münchner, der wirklich große Stücke auf sich hält.

Ich fühlte mich nicht wirklich wohl, trotz Sonne und Lehel. Frau Karl schimpfte pausenlos über die ganze Veranstaltung, wunderte sich einmal über das viele Geld (902 Euro im Monat) und einmal, warum unser Angebot so teuer war. Und dass sie doch nicht behindert sei.

Ich machte Frau Karl ein Kompliment. „Sie haben sich tapfer geschlagen. Respekt", sagte ich zu ihr. Aber sie schwieg dazu.

Inge unterstützte mein Kompliment: „Das finde ich auch."

Frau Karl ließ auch das unkommentiert. Sie wolle noch in die Stadt, einkaufen. Eins ihrer Symptome: manisches Einkaufen. Frau Karl hatte in ihrer Zweizimmerwohnung keinen Platz mehr, weil sie unter anderem schon weit über hundert sehr große Hüte dort lagerte. Das Schlafzimmer war nicht mehr zugänglich, in der Küche stapelte sich Nippes, Unmengen Nahrungsmittel quollen aus dem Kühlschrank und es roch ein bisschen wie auf einer Deponie.

Schon wegen dieses Symptoms von Frau Karl hatte das „persönliche Budget" einen absurden Beiklang. Und es war irgendwie auch fies, denn da lag eine Menge Geld auf der Bank für eine Frau, die gerne manisch einkauft. Dieses Geld aber durfte sie dafür nicht anrühren. Eine Form von Sadismus, der unseren Sozialstaat ganz gut charakterisiert.

Frau Baier

In der Tiefe der Tasche

Eine Tasche ist ein Behältnis zum Transportieren von Gegenständen. Taschen haben im Allgemeinen Griffe oder Henkel.

WIKIPEDIA.ORG

Man kann sich im Fernsehen eine Kabarett-Sendung anschauen, oder man bekommt Besuch vom MDK. Der medizinische Dienst der Krankenkassen prüft die Ansprüche von Versicherten. Er fragt, wie groß man ist, wie viel man wiegt, er lässt einen auch mal die Hände über dem Kopf zusammenklatschen, um die Beweglichkeit zu testen.

Herr Lohr hatte schlohweißes Haar und eine tiefe vertikale Stirnfalte zwischen den Augen. Unter seinen rechten Arm hatte er eine schwarze Aktentasche geklemmt. Zur Begrüßung drehte er mir nur die rechte Seite zu, sodass ich quasi seinen Oberarm kniff, statt ihm die Hand zu geben. Mir fiel das nur auf, ohne dass ich mir etwas dabei dachte. Doch während er, sehr schnell sprechend und die Antworten auf seine Fragen kaum abwartend, in einer Art Stechuhrmanier abhakend, dasaß, konnte ich beobachten, wie die ganze Zeit die schwarze Aktentasche unter dem rechten Arm eingeklemmt blieb.

„Können Sie noch lesen?", fragte Herr Lohr und blickte dabei angestrengt auf den Tisch, dann, ohne eine Antwort abzuwarten, sah er sich um und griff mit der linken Hand nach einem Werbebrief der Versicherung ERGO, der neben ihm auf einem Seitentisch lag. Er drückte den Zettel Frau Beier in die Hand.

„Lesen Sie mal, was da steht, können Sie? Dann lesen Sie das, da."

Frau Beier fing zaghaft an, räusperte sich, „Sehr geehrte", räusperte sich noch einmal.

„Hm, gut, ja", sagte Herr Lohr, „Sie haben eine Brille? Sie haben keine Brille. Sie können ja auch eine Lupe nehmen." Während Frau Beier immer noch etwas hilflos auf den Werbebrief starrte, redete Herr Lohr weiter. „Ja, eingeschränkte Alltagskompetenz. Sie waschen sich noch? Sie waschen sich."

„Impuls", sagte ich schnell dazwischen. Vom Tempo musste ich mich ja der Stechuhr anpassen und im Akkord meine Worte anbringen. „Wir geben den Impuls zum Waschen", präzisierte ich.

Frau Beier nickte zaghaft. „Ich wasch mich schon", sagte sie.

„Also. Das ist so. Die Krankenkasse will das nur wissen, ist das körperlich, oder ist das eine Demenz."

„Differenzialdiagnostisch", unterbrach ich Herrn Lohr, „differenzialdiagnostisch ist ja noch nichts geklärt. Könnte auch eine schwere Depression mit Pseudodemenz sein."

Frau Beier hielt noch immer den Werbebrief in der Hand und richtete ihre Augen auf den Text. Sie las nicht mehr, denn es schien ja schon nicht mehr so wichtig. Frau Beier ist erst Mitte 50. Vor ein paar Jahren starb ihr Lebensgefährte und seit dieser Zeit ging bei ihr nicht mehr viel. Frau Beier war früher als Schreibkraft selbstständig gewesen. Doch sie hatte längst ihre Ersparnisse verbraucht, und wir mussten inzwischen Grundsicherung beantragen. Die Wohnung war nicht renoviert, der Boden teilweise nackter Estrich, die Wände unverputzt, sodass Sand von der Wand bröckelte.

Es roch ungelüftet in der Zweizimmerwohnung. Ein Zimmer wurde gar nicht genutzt. Dort stand noch ein leeres, ziemlich großes Terrarium. Die Schildkröte war vor einiger Zeit verstorben. Sprach man vom Tod der Schildkröte oder vom

Tod ihres Lebensgefährten – Frau Beier fing sofort zu weinen an. Wir wussten daher nicht so genau, ob es bei Frau Beier eine schwere Depression mit Pseudodemenz war oder eine echte Demenz. Ich vermutete auch eine schizoaffektive Störung, da ich Frau Beier auch schon leise vor sich hin flüsternd erlebt hatte, da flüsterte sie etwas ganz Unverständliches, in einer Art Geheimsprache.

„Gut ja", antwortete Herr Lohr, „haben Sie das untersuchen lassen? Nicht. Dann ja, wie gesagt, ich könnte auch fragen, was ist der Unterschied zwischen einem Zwerg und einem kleinen Kind."

Jetzt musste ich doch ein wenig lachen.

Herr Lohr sah kurz auf. „Das sind die Fragen, die man stellt. Jedenfalls ist das egal, Pflegestufe 1 oder 18, egal, die Krankenkasse interessiert nur, was Sie machen. Haushalt, Essen und so weiter. Das zahlt ja dann sowieso alles das Sozialamt. Das Sozialamt muss dann zahlen. Und so weiter."

Müßig, den ganzen Monolog des Herrn Lohr zu schildern. Es war, glaube ich bei Frau Kolschinsky gewesen, einer sehr netten alten Dame von 96 Jahren, einer Metzgerstochter, da war auch einmal ein Herr vom MDK gekommen, der ein bisschen so aussah wie diese Sauerländer Konvertiten. Er war schlank, aufgeschossen, vollkommen humorlos mit einem langen, dichten roten Bart. Und dieser Herr sagte zu Frau Kolschinsky, wie gesagt, einer 96-jährigen netten Metzgerstocher: „Der Vinzenz Murr gehört in die Luft gesprengt, finden Sie nicht auch." Da Frau Kolschinsky etwas schwerhörig ist, hatte sie ihn nicht gleich verstanden, hatte genickt und etwas unsicher gelächelt. – Schräge Vögel beim MDK.

Was nun Herr Lohr sagte, war nicht falsch. Man merkte wohl, er war vom Fach, und sein schlohweißes Haar, sein schlohweißer Schnurrbart und der strenge Blick wirkten auch recht beeindruckend. Dazu die Stirnfalte und das Reden im Kommandoton. Wir sind so programmiert: Weiße Haare ist gleich Weisheit. Da können wir nichts machen. Wenn wir um dieses Programm betrogen werden, reagieren wir irritiert.

Als Herr Lohr sich verabschiedete, hatte er immer noch seine Aktentasche unterm rechten Oberarm eingeklemmt. Er gab mir nicht die Hand. Kaum war die Tür zu, verdrehte Frau Beier die Augen und schnaufte genervt aus.

Beim MDK, erklärte ich ihr, da würden schon ein paar schräge Vögel arbeiten, das sei halt so eine Funktionsstelle, und da setze man manchmal die „Ausrangierten" hin, rückenkranke Krankenschwestern, Ärzte mit Burn-out und ein bisserl viel Liebe zum geistigen Getränk. Aber es gäbe auch ganz Nette bei dem Verein. Da hatten wir jetzt halt ein bisserl Pech. Sie solle einfach entspannt bleiben, deshalb sei ich ja da gewesen, damit sie mit solchen Leuten nicht alleine sein müsse.

Die Sonne schien, es war schon recht warm, und die Sonnenstrahlen pflückten mir wie kleine Engelshände die Sorgenlast von den Schultern. Als ich nach zwei Stationen mit der U-Bahn auf der Rolltreppe stand, überholte mich ein Mann mit schlohweißem Haar, die Aktentasche unterm Arm eingeklemmt.

Gebeugt, hektisch lief Herr Lohr die Rolltreppe hoch, um schnell auf das gegenüberliegende Gleis zu kommen. Er war wohl mit der U-Bahn in die falsche Richtung gefahren.